la
batalla
del
futuro

LA BATALLA DEL FUTURO
es editado por
EDICIONES LEA S.A. en coedición con
USINA DEL CONOCIMIENTO

Ediciones Lea S.A.
Av. Dorrego 330
Ciudad de Buenos Aires, Argentina.
E-mail: info@edicioneslea.com
Web: www.edicioneslea.com

ISBN: 978-987-718-704-5

Edición: Denise A. Maurici
Fotos de los autores: Machado Cicala

Primera edición. Impreso en Argentina.
Esta edición se terminó de imprimir en
Diciembre de 2021 en Arcángel Maggio - División Libros

Salvatto, Mateo
   La batalla del futuro : algo en qué creer / Mateo Salvatto ; Augusto Salvatto ; editado por
Denise A. Maurici. - 1a ed. - Ciudad Autónoma de Buenos Aires : Ediciones Lea, 2021.
   224 p. ; 23 x 15 cm.

   ISBN 978-987-718-704-5

   1. Nuevas Tecnologías. 2. Revoluciones. 3. Brecha Digital. I. Salvatto, Augusto. II.
Maurici, Denise A., ed. III. Título.
   CDD 004.01

Mateo & Augusto Salvatto

la batalla del futuro

Algo en qué creer

Lea | USINA DEL CONOCIMIENTO

Prefacio

George Orwell dijo alguna vez que ver aquello que se presenta delante de nuestros ojos requiere un esfuerzo constante. Probablemente sea por eso que nos resulta mucho más fácil estudiar la historia que interpretar, entender y analizar el presente. Este libro busca algo que, *a priori*, podría parecer más difícil: pararse en el presente para entender el futuro y brindar muy humildemente una serie de herramientas que pueden ayudarnos a surfear el tsunami que nos toca vivir.

En la cultura china existe una extraña maldición que dice algo así como *Ojalá te toque vivir tiempos interesantes*. Evidentemente el diablo sabe más por viejo que por diablo, y esta civilización milenaria algo entiende de maldiciones. Si estás sosteniendo este libro entre tus manos, casi con seguridad no tuviste la bendición de vivir en una época aburrida. Los tiempos que corren son el paraíso de cualquier chino maldiciente encabronado. Pero el mundo no es de los que se quejan de su suerte, sino de los que se animan a desafiar a su tiempo. La pandemia de COVID-19 –además de retrasar casi un año la publicación de este libro– puso de manifiesto muchas de las cosas que escribimos intuitivamente hace más de un año: la necesidad de tener una mirada global, el empoderamiento de los individuos, la crisis de las instituciones (políticas, educativas, financieras), la descentralización y la presencia de la tecnología en cada uno de los aspectos de nuestra vida. No hacía falta ser Nostradamus para verlo antes, pero el 2020 hizo una especie de *zoom-in* en muchos aspectos de nuestra vida cotidiana y aceleró una transformación que sin dudas estaba en camino.

La revolución tecnológica que vivimos está cambiando nuestra realidad como nunca antes, y esto trae aparejadas un sinfín de oportunidades, así como también una serie de amenazas y peligros que debemos tener en cuenta. En su libro *21 lecciones para el siglo XXI*, Yuval Noah Harari comienza aclarando que su intención no es destacar las cosas buenas de la tecnología, (a confesión de parte, relevo de pruebas), ya que para eso están los emprendedores y empresarios tecnológicos. En consecuencia, "les toca a los sociólogos, filósofos e historiadores como yo hacer saltar la alarma y explicar todas las maneras en que las cosas pueden ir terriblemente mal", dice Harari. Por suerte para nosotros, tenemos a las dos partes dentro del equipo: este libro está escrito por un especialista en ciencias sociales y un emprendedor tecnológico. Así que, si el lector está buscando el utopismo tecnológico de las *Big Tech* o la distopía al estilo *Black Mirror* de Harari, no las va a encontrar en estas páginas. El pesimismo vende y da aires de inteligencia, pero, por desgracia, no buscamos ninguna de las dos cosas. Como reemplazo les ofrecemos una mirada complementaria de optimismo realista, que nos ha valido más de una discusión, insulto y revoleo de ojos –y de otras cosas–, pero con la que ambos quedamos lo suficientemente conformes como para firmar con nuestros nombres y apellido compartido.

El mundo post-COVID es un mundo en crisis, donde –chino maldiciente mediante– la mezcla entre velocidad e incertidumbre es el signo de nuestro tiempo. El río está más revuelto que nunca, y no descubrimos nada si decimos que en este contexto los que ganan son los pescadores. Pero aquellos que se destacan en el arte de la pesca no son solamente los que tienen las mejores cañas, sino los que logran interpretar mejor hacia dónde va el río. Dicho en criollo y sin paralelismos ni goteras: aquellos países, instituciones e individuos que tengan buenos recursos materiales, tecnológicos o económicos tienen muchas más chances que los más vulnerables de salir bien parados de este mundo incierto, pero para aquellos que por diversos motivos no tienen las mejores condiciones materiales o se encuentran en contextos de mayor vulnerabilidad, la capacidad de identificar hacia dónde se mueve el mundo es crucial. Un buen jugador de ajedrez siempre tiene que estar un par de jugadas más adelante que su adversario.

Sabemos que los libros sólo son necesarios para los autores, por lo que esperamos que leer este les sirva al menos un cuarto de los que nos sirvió a nosotros poner en papel muchas ideas que rondaban por nuestra cabeza. En las próximas páginas daremos nuestra humilde contribución para pensar hacia dónde se mueve el mundo y cuáles son las batallas que tenemos por delante, en nuestra opinión. Identificarlas requirió de siglos estelares de charlas, reflexión y discusiones de sobremesa entre los autores. Tuvimos la suerte de saber rodearnos de gente mucho más inteligente que nosotros y aprender de ellos, por eso les agradecemos su generosidad y no necesitamos nombrarlos, pues sabemos que al leerlo se sentirán identificados. Agradecemos también a nuestra editora, Denise Maurici, por su gran trabajo, a Carlos Fossatti por el increíble arte de tapa que introduce este libro, a vos que caíste acá en estas páginas y muy especialmente a nuestros padres, por nunca desentenderse. Estamos quizás muy repetitivos en estos primeros párrafos con el tema China –en consonancia con nuestros tiempos– pero en esa cultura, como en muchas otras de extremo oriente, el apellido va por delante del nombre. Esto tiene que ver con muchos factores y levanta debates muy profundos sobre el rol del individuo y su relación con la sociedad en los que no queremos entrar, pero queremos destacar esta idea, tan presente en esa cultura y en muchas otras, de que *la familia es lo primero*. Ambos autores estamos convencidos de que, más allá de nuestras capacidades individuales, difícilmente estaríamos aquí escribiendo este libro de no haber sido por nuestra familia. La familia Salvatto-Canle, que tuvo el valor de darnos alas y enseñarnos a volar, en lugar de volar con nosotros a cuestas. En la antigua Roma se entendía la paternidad como norma de buen ciudadano, como una obligación cívica. Si esto fuera así hoy, nuestros padres serían ciudadanos ejemplares.

Por último, dedicamos el más especial de los agradecimientos al chino catador de murciélagos que nos maldijo. Si pudiéramos, volveríamos a elegir este tiempo interesante.

Buenos Aires, enero 2021.
Mateo y Augusto

Prólogo

Semillero a prueba de montañas rusas
(por Sebastián Campanario)

Años atrás, una compañía de gaseosas lanzó una nueva bebida, prima hermana de la original, pero con otro edulcorante y un sabor ligeramente distinto. Hubo un enorme gasto en comunicación, el producto se consumió unos meses y luego su demanda se fue desvaneciendo hasta que desapareció del mercado. Por aquella época, un publicista me aseguraba, divertido: "Es una marca tan pero tan buena que no importan las macanas que hagan los responsables de marketing para destrozarla, no lo van a lograr".

A veces pienso que pasa algo parecido con la macroeconomía argentina y el semillero de Economía del Conocimiento que sigue floreciendo a nivel local. A pesar de que estamos en el top 3 de países con peor *performance* macroeconómica en los últimos 20 años, con un récord de años transcurridos en recesión, la Argentina sigue *rankeando* mucho mejor cuando se miran variables de innovación, creatividad y Economía del Conocimiento en general. Como decía la ironía del publicista, no importa cuánto se esfuerce (en este caso, la gestión económica) por destrozar este terreno fértil, no lo van a lograr. O al menos, por suerte, no lo lograron hasta ahora.

Cuando se habla de "tecnología", se la suele considerar, a efectos simplificadores, como si se tratara de un fenómeno único y compacto, y la realidad es que existen miles de tipos de tecnología, cada una con un sesgo más o menos humanizante, o con mayor intensidad en el uso de capital o de trabajo, o con mayor o menor huella de carbono contaminante.

Algunas tecnologías son tan intensivas en capital que quedan sólo para un club selecto de países ricos que pueden afrontarlas. Las computadoras cuánticas más modernas, por ejemplo, cuestan decenas de millones de dólares, con lo cual sólo los Estados Unidos, China y alguna nación más pueden anotarse en la carrera con chances serias de tomar la delantera. Por lo general, lo que se conoce como "Tecnologías de Propósito General" (GPT en sus siglas en inglés: el motor de vapor, la electricidad, la PC y ahora la inteligencia artificial) requieren enormes inversiones y son menos propensas a "saltos de rana" que sí se producen en otras tecnologías.

Pero hay otros campos donde prevalecen las ideas y la calidad de los recursos humanos, y ahí es donde países con el desarrollo de la Argentina tienen chances de lograr hitos que cambien el mundo, como promueven Mateo y Augusto. En el campo de la biotecnología, el país cuenta con profesionales de primera línea a nivel global (además de un récord de premios Nobel y una historia muy rica, como detallan los autores más adelante). Hay quienes sostienen que, así como el siglo XX fue "el siglo de la Física", el que vivimos actualmente será "el siglo de la Biotecnología". Para la Argentina es un tema doblemente clave, porque nuestra matriz económica tiene un núcleo central atado a la agroindustria y a la producción de alimentos para el mundo.

El de *Blockchain* (la arquitectura de programación que está detrás de las principales criptomonedas, pero que hoy abarca un campo de aplicaciones mucho más amplio) es otro ejemplo de una tecnología "intensiva en ideas", y aquí el *hub* local es uno de los más destacados de la región. Es un caso paradójico en el que las penurias de la macro local no sólo no destruyeron el terreno, sino que lo fertilizaron: las primeras cripto-iniciativas surgieron a la sombra del cepo de la década pasada, para encontrar instrumentos de cobro alternativos.

En esta propensión a tratar a la tecnología como si fuera un fenómeno uniforme se suele describir a sus avances como deshumanizantes, y la realidad es que este sesgo, como explican los autores, va a depender de las acciones que tomemos los seres humanos. La tecnología no es un estado climático que viene dado desde afuera, sino que sus efectos son moldeados por las políticas públicas, los esquemas de incentivos que se generen y nuestros hábitos y decisiones. Un traductor en tiempo real para personas sordo-mudas es una disrupción tremendamente humanizante, que aumenta y potencia el vínculo entre personas que antes estaban más aisladas. Una plataforma que me contacta con la dueña o dueño de un departamento para alquilar por día cuando vamos de viaje, quien nos pregunta si nuestros hijos tienen alergias para ver qué tipo de comida dejar en la heladera, implica una experiencia mucho más humana (gracias a la tecnología) que pasar ese tiempo en una habitación impersonal de una cadena hotelera. Y aquí los ejemplos son infinitos.

Mateo y Augusto son dos exponentes destacados de este semillero increíble que tiene la economía del conocimiento en la Argentina. Están ubicados en el centro de "la" tecnología exponencial del momento: la inteligencia artificial, la robótica y la informática en general. Hacen, no paran de generar proyectos, discuten a muerte con los que se quieren ir del país, comparten sus ideas con un esfuerzo de divulgación y buscan impacto en inclusión. Todo con la originalidad, la desfachatez y la frescura de los integrantes de esa zona etaria en el límite entre los millennials más jóvenes y la generación Z, que se viene con todo (lo compruebo a diario con mis tres hijos). Este libro es una invitación a explorar este mundo al que la montaña rusa de la macroeconomía y la grieta política apenas le hacen cosquillas.

Introducción

Algo en qué creer

¿No les llama la atención que los autores que estudiamos en la escuela, e incluso en la universidad, son siempre de los mismos países? De pequeños, siempre nos llamaba la atención cuando mencionaban a la Argentina en algún capítulo de una serie o en alguna película. Admitimos que nos reconfortaba un poco ver que todas las invasiones alienígenas, los apocalipsis *zombie* y las catástrofes naturales se producían lejos de casa, pero de todas formas resultaba un poco molesto. Algunos amigos del resto de América Latina dirán –quizás con razón– que este malestar se trata meramente del *complejo ombliguista* de los argentinos y que, en realidad, es normal que el mundo no gire alrededor de nosotros. Ok, es probable. Lo tomamos.

Pero más allá de eso, si hacemos un repaso rápido por las grandes ideas que ocupan nuestro corpus teórico, pareciera que la historia universal de las ideas es más bien la historia parcial de algunas ideas ubicadas, casualmente, en ciertos sectores del globo terráqueo.

No creemos que esto sea parte de una conspiración del norte global en contra de un pobre sur indefenso y subdesarrollado por culpas ajenas. Pero, dicho esto, sí creemos que la periferia, por un motivo o por otro, siempre ha tendido a ver la realidad con lentes prestados, y en lo que refiere a la reflexión, tendemos más a adaptar que a producir.

Por eso mismo, la primera aclaración que queremos hacer es que este es un libro escrito desde las periferias hacia el centro, en el que intentaremos reducir al máximo posible los ejemplos y menciones a la Argentina para poder retratar una realidad más amplia, sin renegar de nuestro carácter argentino y latinoamericano. Si usted, querido amigo lector, está tomando este libro desde otro lugar de América Latina (que, como ya justificaremos inmediatamente, incluye a España), sepa que este libro está también pensado para su contexto y que las menciones a la Argentina no son otra cosa que fruto de nuestro gen *ombliguista*. Sepan disculpar.

La obsesión con el presente

Los argentinos tenemos una relación conflictiva con el futuro. Pasamos una mitad de nuestro tiempo mirando el pasado y la otra obsesionados con el presente, pero nos olvidamos de dejar un rato para pensar en el futuro. Miramos el pasado con añoranza y desprecio al mismo tiempo: lo que fuimos y lo que no pudimos ser "por culpa de otro". Buscamos culpables y momentos en los que todo dejó de ser color de rosa, si es que alguna vez lo fue. Tras recorrer casi todos los rincones de América Latina y buena parte de España, y hacer maravillosos amigos en todos esos lugares, descubrimos que esto no sólo era un mal propio de la Argentina y su pretendida –y muchas veces totalmente falsa– excepcionalidad.

América Latina, de la cual España –guste o no a algunos españoles[1]– es una parte no reconocida oficialmente,

---

1   Ambos autores llevamos con mucho orgullo la nacionalidad española, junto con la argentina. Por *ius sanguinis* (dos de cuatro abuelos son nacidos y criados en Galicia), *ius solis* (hemos vivido y estudiado ahí) y también porque nos hemos criado con historias de aldeas, montes, rías, olor a tortilla y acento gallego.

vive aferrada al pasado. Para Andrés Oppenheimer, la obsesión con el pasado es la principal problemática generalizada en los países latinoamericanos, pues mientras otros gobiernos están preocupados por innovar de cara al futuro, nosotros nos dedicamos constantemente a generar debates entre nuestros héroes (o villanos, según quien lo mire) del pasado, sus logros o sus fracasos y pretendemos imitarlos cayendo en una "pasión necrológica que consume gran parte de sus discursos políticos y la energía de sus gobiernos"[2]. Sin ir más lejos, en plena pandemia de COVID-19 (y consecuentemente en plena Cuarta Revolución Industrial), se generó en las redes sociales una discusión entre los próceres argentinos que se encuentran en los billetes, mientras que en la España de 2019 ocurrió lo mismo alrededor del lugar en el que se ubicaba la cripta del ex dictador Francisco Franco. Más allá de la postura que tenga cada uno sobre los temas mencionados, resulta sintomática la constante disputa política por el pasado, y no decimos esto desde el desprecio por la historia que es *trending topic* en muchos espacios políticos del siglo XXI. No se puede hacer política sin tener en cuenta la historia, pero tampoco se puede hacer política sin mirar hacia adelante. Como amantes de la historia, consideramos que obsesionándonos con el pasado no vamos hacia ningún lado.

Sin embargo, hay un pequeño matiz en el que no coincidimos del todo con Oppenheimer. Tras reflexionar largo y tendido sobre este tema –originalmente este subtítulo iba a llamarse *La obsesión con el pasado*– llegamos a la conclusión de que el pasado nos sirve más bien como

---

2   Oppenheimer, Andrés. *¡Basta de Historias! La obsesión latinoamericana con el pasado y las 12 claves del futuro*. Editorial DeBolsillo. 2018

un espejo para ocuparnos de nuestra verdadera obsesión: el presente, la coyuntura. El historiador gallego Santos Juliá Díaz[3] solía decir que cuando los políticos se meten con el pasado hay que tener mucho cuidado, pues cuando se toma con demasiado énfasis la narración histórica como un insumo de la política partidaria, lo que verdaderamente se pretende es manipular el presente. Y, como decíamos, si hay algo que verdaderamente nos obsesiona a los argentinos es el presente: ese acelerado día a día en el que estamos inmersos. Somos una sociedad altamente coyuntural, y eso pone en peligro dos cosas que son primordiales para cualquier país: la interpretación de nuestro pasado y la planificación de nuestro futuro. En un momento como el que estamos viviendo, no podemos darnos el lujo de encerrarnos en la cárcel del presente. Mirar hacia adelante puede ser abrumador, pero es la única forma de lidiar con lo urgente.

Jorge Lanata escribió alguna vez *"soy argentino porque espero"*. ¿Qué esperamos? Que vuelva el líder, que termine la dictadura, que baje la inflación, que lleguen las vacunas, las elecciones o el verano. Esperamos porque creemos que nosotros no podemos hacer nada, que el rumbo del país pasa por otro lado y que como individuos sólo podemos quejarnos en voz baja desde el asiento de atrás de un taxi, escondidos detrás de un avatar de Twitter o con una cacerola en una plaza. El punto es quejarnos sin proponer, porque quejarnos es parte del presente, pero proponer implica mirar hacia el futuro.

---

3   Notará el lector que las referencias a Galicia y los gallegos son recurrentes en estas páginas. Lo avisamos de antemano. Tenemos el corazón puesto en la Provincia N° 25 de la República Argentina, que solo por cuestiones de geografía –ciencias injustas si las hay– ha quedado ubicada en Europa.

Las consecuencias de obsesionarnos con el presente y con el pasado se vuelven mucho más palpables en momentos de crisis. Ni bien estalló la crisis que trajo la pandemia de COVID-19, el presidente de El Salvador, Nayib Bukele, publicó en Instagram un discurso sumamente ilustrativo de esta realidad. (Sí. En Instagram):

> "Hemos tratado de hacer lo mejor y hemos fallado. Nuestro país es demasiado pobre, el 90% de la población no está bancarizada y no tenemos censo hace catorce años. Estamos haciendo lo posible para arreglar todo lo que estuvo mal por décadas, en una semana"[4].

Resulta evidente, pero el contexto actual lo ha vuelto más palpable: en una semana no se soluciona lo que durante años no se hizo por no tener mirada de futuro.

Este no es un libro sobre política latinoamericana, y no, no estamos haciendo un plagio barato de la famosa pipa de Magritte para hacernos los intelectuales. Efectivamente el tema de este libro no es la política, y tampoco lo es la realidad actual argentina. El tema de este libro es el futuro: sin duda un gran desafío para una región que, como decíamos, está obsesionada con el presente. Una pregunta que podría estar haciéndose usted ahora, querido lector, es **¿por qué estos tipos empiezan un libro sobre tecnología y futuro hablando sobre la obsesión de los latinoamericanos con el presente?**

No vamos a esquivar la aguja. Nos hacemos cargo y tenemos dos respuestas a esa pregunta que, aunque no resulten del todo satisfactorias, tienen la ventaja de ser

---

4   @nayibukele en Instagram. Publicación del 30 de marzo de 2020.

completamente genuinas y honestas. La primera respuesta, un poco más técnica, es que este tampoco es un libro sobre tecnología *per se*. La tecnología, si bien es una figura esencial de estas páginas, no puede considerarse la protagonista estelar de la obra. Este libro trata sobre el futuro, y el futuro va mucho más allá de lo tecnológico. La tecnología no vive en el futuro, ni en el pasado, ni en el presente, ni vive con nuestras limitantes temporales. La tecnología simplemente es. En todo caso, los que pensamos en el futuro somos (y siempre seremos) los seres humanos: verdaderos protagonistas de esta batalla.

La segunda respuesta al interrogante incisivo de más arriba, y con la que esperamos efectivamente convencerlo de seguir leyendo este libro, es que nuestro contexto nos define. O, si no nos define, al menos nos influye bastante. No nacimos ni en Suecia, ni en Israel, ni en Corea del Sur. Somos dos hermanos nacidos y criados en el barrio de Caballito, en Buenos Aires, a dos cuadras de la Plaza Irlanda, en el seno de una familia de clase media, primera generación de profesionales y con abuelos que vinieron a Buenos Aires desde Galicia, Tucumán y Navarro (PBA) *con una mano adelante y otra atrás*, como le gustaba decir a uno de ellos. Crecimos viendo a nuestros familiares y amigos diciendo que este país no tenía futuro. Con nuestro padre que nos contaba cómo *se fundió con la hiper, pero por suerte zafó del corralito*, y nuestra madre contándonos las miserias del sistema educativo argentino, sin agua caliente, con techo de chapa, sin cloacas, con docentes que no sabían hablar Lengua de Señas Argentina (LSA), directivos acomodados por el Ministerio de Educación y chicos que llegaban sin zapatillas en pleno invierno a la escuela para sordos e hipoacúsicos 503 de Lanús, donde trabajó 35 años. Crecimos también escuchando los relatos de nuestros abuelos sobre la miseria y el hambre que se pasaba en la vieja aldea de Galicia, y cómo la Argentina era un faro de esperanza para ellos y tantos otros en su misma condición.

Si hubiéramos nacido en Suecia, probablemente estaríamos preocupados por otras cosas. Tendríamos la seguridad de que alguien, en algún recóndito rincón de la seria y calificada administración pública, está pensando en el futuro del país, y que de alguna forma ya todo está calculado para comenzar a incorporar inteligencia artificial a los procesos productivos, capacitar a nuestros jóvenes en los empleos del futuro o repensar los servicios públicos y la administración estatal con una mirada puesta en el siglo XXII y no en el XX. Pero nacimos en la Argentina, y sabemos que esto no es así. O, mejor dicho, sabemos que sí hay mucha gente valiosa —de todos los partidos políticos, sectores empresarios, organizaciones sociales y universidades— pensando el futuro, pero por alguna razón no se encuentran en la primera plana ni de los medios de comunicación, ni de la política, ni de las redes sociales. Pareciera que los argentinos creemos que el futuro es cosa de otros. Es justamente por eso, y porque amamos este país con todas sus contradicciones, que decidimos escribir un libro sobre el futuro. Con nuestra humilde mirada sobre hacia dónde creemos que va el mundo y con algunas —también muy humildes— sugerencias sobre a dónde tendríamos que apuntar para volver a ser un país de oportunidades, pero sin concentrarnos exclusivamente en la región.

Este libro, además, está especialmente dirigido a una amplia generación (completa) que ha perdido las esperanzas en el futuro, que se ha quedado sin algo en que creer, al menos en nuestro país, y para aquel que, aunque le duela, está convencido de que la Argentina no tiene arreglo. No somos Sri Sri Ravi Shankar. No creemos que *con fe y esperanza todo se soluciona*, y mucho menos creemos en las soluciones mágicas, pero sí estamos convencidos de que la Argentina tiene un enorme potencial para superar sus problemas. Claro que para hacerlo es fundamental pensar fuera de la caja y cambiar el eje con el que miramos el mundo. Como siempre decimos: estamos jugando una mano de truco y tenemos dos anchos y un siete, pero elegimos irnos al mazo, a profundizar nuestros propios problemas. Está en nosotros –y especialmente en la próxima generación– elegir qué hacer con nuestras cartas: si seguir teniendo 40% de pobreza y 50% de jóvenes que no comprenden textos o apuntar a ser un referente tecnológico a nivel regional.

"Andate, pibe"

El argentino quejándose en lugares ya es un cliché entre los países latinos. Así como el brasileño alegre hablando fuerte, el italiano gesticulando de manera exagerada y el chileno con un dialecto difícil de comprender para el resto de los mortales, los argentinos somos famosos por quejarnos de nuestra desgracia. Permanentemente. Constantemente. Hasta el cansancio. Algo por demás contradictorio si tenemos en cuenta que también somos acusados de ser egocéntricos y de creernos los mejores. No son pocos los colegas latinoamericanos que, después de escuchar nuestra típica catarsis sobre la situación económica o social de nuestro país, nos miran con cierto escepticismo, como si estuviéramos exagerando un poco la supuesta desgracia que nos toca.

La sociedad argentina, como también en buena parte sucede con la uruguaya, con la chilena o con la francesa, tiene una tendencia a cuestionar vehementemente aquello que considera una injusticia. De esto se desprende una tradición de protestas en las calles que no es común para el resto de Latinoamérica (España incluida), que tienen tendencias más jerárquicas. Según escribió el famoso politólogo argentino Guillermo O'Donnell, en países como Brasil existe una frase que funciona a la perfección para ilustrar la jerarquía y el sometimiento a ella por parte de la sociedad: *"você sabe com quem está falando?"* (¿Usted sabe con quién está hablando?). En cambio, siguiendo a O'Donell, si uno le dice eso a un argentino, lo más probable es que le conteste: "¿y a mí qué mierda me importa? Pelotudo"[5]. Quizás esto sea uno de los elementos que contribuye a que nuestra sociedad sea percibida muchas veces como *un quilombo*, una sucesión de crisis sin principio ni final y una consecución de emergencias permanentes.

Ese quilombo social y económico al que nos acostumbramos durante la segunda mitad del siglo XX no es gratuito. Para la gente de nuestra generación –y probablemente también para otras en su momento– se volvió una costumbre escuchar consejos como:

---

5 El "pelotudo", lo agregamos nosotros, sencillamente porque pensamos que quedaba mejor.

"Vos que todavía podés, andate".

"Este país no tiene arreglo".

"La salida es Ezeiza".

Y tantas otras frases hechas que hacen referencia a la misma idea de que sólo nos puede ir bien yéndonos del país. Algo similar podría hacerse extensivo a muchos otros aeropuertos o puertos de nuestra región latinoamericana ampliada. Sin ir más lejos, los autores somos nietos de gente a la que le dijeron exactamente eso hace unos setenta años en una España devastada por las consecuencias de la Guerra Civil y en medio del franquismo: *la salida es el puerto de Vigo.*

Resulta curioso que, si miramos los números, la Argentina de la segunda década del siglo XXI continúa siendo un país de inmigración, y no de emigración. Alrededor del 4.6% de la población nació en otros países, y se posiciona como el país de América del Sur con mayor número de migrantes. A pesar de esto, existe una narrativa instalada en este país de que la única salida posible para prosperar es irse a vivir a otro. Es sobre esa narrativa que nos interesa indagar.

Una de las preguntas que nos obsesiona hace ya varios años es: ¿por qué una sociedad llega al punto de querer expulsar a sus propios hijos para que tengan un futuro mejor? ¿Por qué llegamos a la conclusión de que no podemos transformar nuestra realidad y que, por ende, el único futuro posible se encuentra al emigrar? Para muchos, la respuesta es obvia: la Argentina ha pasado un tercio de su historia moderna en recesión, y palabras como "déficit", "deuda externa" e "inflación" son recurrentes en el lenguaje cotidiano de cualquier argentino. Una persona que hoy tiene sesenta años pasó por *El Rodrigazo*, la crisis económica de Martínez de Hoz, *La tablita*, *La hiperinflación*, *El corralito*, "cepos" al dólar y todo tipo de regulaciones, promesas incumplidas y desilusiones. Desde 1985 hasta enero de 2021, el peso argentino perdió 10 ceros, que le fueron directamente extirpados. Quizás con estos argumentos sea suficiente como para responder a la pregunta de más arriba: vemos a nuestro país de la misma forma que un español de la década del '40 veía a España. Seguro habría afirmado que su país no tenía ningún tipo de futuro tras ver los horrores de una matanza a sangre fría entre hermanos en la Guerra Civil y los más de 800 muertos de hambre (literalmente) durante el año 1939, para poner un ejemplo.

Algo en qué creer

Los problemas económicos, incluso los más graves, no son una respuesta suficiente para esa pregunta (al menos para nosotros). La decisión de emigrar, o la voluntad de hacerlo, está directamente relacionada con expectativas a futuro, más que con la situación actual o del pasado. Es decir que para entender por qué muchos latinoamericanos creemos que la salida está en el extranjero, tenemos que mirar más bien el futuro, antes que el pasado. Sí. Ya sabemos que no tenemos la bola de cristal ni somos Nostradamus. Tampoco hace falta. Basta con intentar entender la forma en que percibimos el futuro desde América Latina, que es mucho más importante que lo que efectivamente va a ocurrir. Si nuestros abuelos hubieran tenido la bola de cristal y hubieran sabido que si venían a la Argentina iban a perder todos sus ahorros en 1975 y 1989, y que hoy España sería parte del "primer mundo", quizás no hubieran cruzado el Atlántico. O sí, pero lo que percibían allá por 1952 era algo muy distinto, y por eso decidieron subirse a un barco rumbo al nuevo mundo.

Nuestra generación no tiene ese *algo en qué creer* que pudo inspirar a generaciones pasadas a ver esta tierra como un lugar lleno de oportunidades. El recién llegado que vivía en una pieza del hotel de inmigrantes con cuatro o cinco personas más en su misma condición, se bañaba con agua fría y se levantaba al alba para ir a trabajar literalmente de cualquier cosa, no estaba motivado por su situación del presente, sino por su expectativa del futuro. Estaba motivado porque la Argentina se le había presentado como una tierra de oportunidades, donde con trabajo y esfuerzo podría comprarse una casa, un auto, poner su pequeño negocio y mandar a sus hijos a la universidad. En esas noches de desvelo, con frío en los pies, lejos de su casa y sus costumbres y rodeado de idiomas que desconocía, esa persona que tranquilamente podría ser padre o abuelo de alguno de nosotros soñaba y tenía algo en qué creer. Eso es lo mejor que puede tener una sociedad que quiere progresar. No tenerlo es sinónimo de decadencia.

Esto no es algo único de nuestro país, y ni siquiera de nuestra región. Durante la primera mitad del siglo XX, a los seres humanos del mundo se les ofrecía, en palabras de Yuval Noah Harari, tres relatos globales entre los que elegir: el fascismo, el comunismo y el liberalismo. Cada uno de esos tres relatos contenía una explicación sobre el pasado, una noción de cómo había que organizar la sociedad en el presente y una idea de lo que podría suceder en el futuro. Básicamente *un algo en qué creer*. Podemos discutir si ese *algo en qué creer* era bueno o malo, pero no tendría demasiado sentido ponerlo en términos morales. Lo que sí podemos afirmar, casi sin ningún tipo de duda, es que los tres relatos llamaban a la acción a las personas que creían en ellos. Sin embargo, a medida que fue avanzando el siglo XX, el fuego de esos relatos se fue apagando: primero fue el fascismo, derrotado en la Segunda Guerra Mundial, luego el comunismo tras la caída del muro de Berlín y, por último, el liberalismo que, aunque sigue dando pelea, está en cuestionamiento en todo el mundo, junto con los valores de la libertad y el mérito individual. Esto no es un juicio de valor, sino más bien una descripción –quizás equivocada– de lo que está ocurriendo en el mundo: ya no hay relatos. Ya no hay grandes motivaciones para la acción colectiva y la sensación de caos y desconfianza por las élites se expande en el mundo, adoptando la forma de protestas callejeras, candidatos *antiestablishment* (antisistema) y refugio en nuevas formas de comunicación, participación e incluso de dinero que no responden a las instituciones tradicionales en las que ahora desconfiamos (bancos, parlamentos, medios de comunicación).

Esa falta de proyecto común está directamente relacionada con otra ausencia, un tanto más grave, que es la de una dirigencia política, y aquí nos ceñimos específicamente al caso argentino: nuestro país no cuenta con una dirigencia política. Sí hay funcionarios, ministros, *honorables* diputados, *respetadísimos* senadores, líderes de partidos opositores y tertulianos con voluntad de poder... pero eso no es ser un dirigente político. La política es la actividad transformadora de la sociedad por excelencia, y una Dirigencia, con mayúscula, es aquel grupo de personas que tiene la capacidad de identificar un rumbo y guiar a la sociedad en su conjunto hacia allí, poniendo ese rumbo por encima de los intereses personales (ya sean de bronce o de oro), las mezquindades políticas, las amistades y las enemistades. A muchos políticos latinoamericanos –no a todos, desde luego, ya que existen casos sumamente valiosos– les sobra billetera y les falta grandeza.

Aquí hacemos un alto porque es importante hacer esta aclaración: del mismo diagnóstico pueden surgir dos respuestas totalmente diferentes. Habiendo dicho esto, lo más probable es que se nos acuse de *anti-política* por haber osado criticar a la (no) dirigencia política argentina. Nada más alejado de la realidad. Estamos convencidos de que de las grandes crisis se sale con política, y no sin ella. Por eso cuestionamos a los políticos latinoamericanos que han renunciado a la política y han elegido las etiquetas y los relatos. La politiquería, la chicana, el oportunismo, la ventaja y el corto plazo son sinónimos de falta de grandeza. En momentos de grandes crisis se necesitan grandes dirigentes que elijan la incomodidad antes que la comodidad. Esa fue la gran diferencia entre el Mariscal Petain y Charles de Gaulle en la Francia de la ocupación nazi. Mientras el primero eligió rendirse ante Hitler y colaborar con el nazismo, el segundo encabezó una resistencia casi en soledad desde el exilio. Si hubieran hecho una encuesta a los franceses de 1942, probablemente hubiera arrasado la postura de Petain, porque lo fácil, el camino corto y la zona de confort siempre son mucho más atractivos que la grandeza.

Estamos convencidos de que la Argentina no es inviable *per se*. La hacen inviable unos pocos vivos carentes de ideas que se benefician de esa inviabilidad, pero si hemos estado acostumbrados a tener líderes fuertes y sociedades débiles durante el siglo XX, quizás sea el momento de que la debilidad de nuestros líderes dé paso a la fortaleza de nuestra sociedad... y ninguna sociedad puede ser fuerte sin algo en qué creer. Por eso, muy humildemente, y probablemente equivocados, proponemos en estas páginas ese algo en qué creer para las futuras generaciones.

Como decíamos, posiblemente estemos equivocados, pequemos de ingenuos o de inexpertos, pero tampoco le tenemos miedo a eso, ni a ser corregidos o criticados. Una parte de nuestra generación tiene demasiado miedo a la crítica y al disenso, y eso no es sano para la democracia. Estamos convencidos de que las grandes ideas se construyen poniendo a prueba lo que creemos y escuchando más a los que nos critican que a los que nos aplauden. Albert Camus solía decir que "si existiese un partido de los que no están seguros de tener razón, sería el mío". Suscribimos.

Los jóvenes y el futuro

En 2006, cuando todavía el mundo no imaginaba la catástrofe económica que se vendría dos años después, el cineasta mexicano Alfonso Cuarón estrenó la película *Children of Men* (*Niños del hombre* en Hispanoamérica). La peli, mezcla de ciencia ficción distópica y suspenso, se ambienta en el año 2027, 18 años después de la detección de una extraña condición que produjo la *infertilidad humana global* después de una (ATENCIÓN ACÁ) pandemia de gripe. Si, así como leen.

Lo interesante de la película es ver cómo la última generación de la civilización humana va quedando al borde del colapso y la decadencia acercándose lentamente hacia su indefectible final. "¿Para qué vamos a vivir organizadamente si ya sabemos que después de nosotros no va a quedar nada?" sería de alguna manera el razonamiento de fondo de los habitantes de ese desesperadamente lento fin del mundo. Analizando la trama de esta película en sentido figurado (la imposibilidad de que nazcan nuevas generaciones), el crítico británico Mark Fisher se hace una interesante pregunta: *¿Cuánto puede sobrevivir una cultura sin el aporte de lo nuevo? ¿Qué ocurre cuando los jóvenes ya no son capaces de producir sorpresas?*

La respuesta a esas preguntas está en la angustia que se percibe en todo momento en la película. Es una sociedad triste, sin expectativas, gris, que cae en la convicción de que no hay nada nuevo que pueda ocurrir y que ante esa situación sólo queda transitar individualmente y de la mejor manera posible ese camino hacia el fin. Disfrutar de lo que queda ante la desesperanza de que pueda venir algo mejor.

En las sociedades que progresan, lo nuevo y lo establecido se retroalimentan constantemente, porque ninguna cultura, por más milenaria que sea (y la nuestra no lo es), puede vivir del pasado. Pensemos en el caso de Japón. Conviven allí y se retroalimentan las bases filosóficas del pensamiento confuciano y la cultura imperial con el anime y la tecnología de punta. Lo joven, entendido como lo nuevo y no como lo de menos edad, es fundamental para que las sociedades sobrevivan. De lo contrario, no estamos ante sociedades sino ante piezas de arqueología. La juventud tiene entonces un rol fundamental en la construcción de futuro.

Antes de seguir, es importante hacer una aclaración: todos los espacios políticos hablan de los jóvenes y su importancia. Y claro, por mero cálculo demográfico podemos observar que en Latinoamérica los considerados "jóvenes" (18 – 35 años) todavía son el sector más importante de la población en lo que refiere a cantidad de votos. Pero para nosotros (siendo jóvenes), la juventud no es una cuestión meramente de edad, ni tampoco es un valor en sí mismo. Poner en una banca a un joven sin preparación, formación, prudencia, juicio crítico y capacidad de escuchar, sólo por el hecho de que es joven, no aporta ningún valor real para la política. Es mero maquillaje.

La juventud, o "lo nuevo", puede ser representado por cualquier generación y adquiere valor cuando aporta elementos y perspectivas nuevas e innovadoras a la discusión, sin descartar completamente lo que ya existe. Ese es el verdadero valor de la juventud, y no se aprovecha en gran parte de la política latinoamericana. Incorporar a la juventud a la política no es usar a los jóvenes para ganar una elección, sino sumar visiones innovadoras a las famosas mesas chicas de la decisión política, y lo mismo corre para el ámbito académico, empresario, o sindical.

Esto es de vital importancia en todas las sociedades y en cualquier momento. Si no hay regeneración de las élites y de las ideas, los países se estancan. Esto resulta especialmente importante en el contexto actual, debido a que los acelerados cambios tecnológicos, y consecuentemente sociales, marcan una distancia cada vez más grande entre generaciones. Hoy, entre un "joven" de 30 y uno de 16 puede haber un mundo de distancia porque sus experiencias de juventud fueron completamente distintas, partiendo de la base de que uno no creció con *smartphones* en la mano y otro sí, sólo por remarcar un aspecto.

Por todo esto, si hay futuro para América Latina (y creemos que lo hay), es con los jóvenes –no sólo de edad, como ya aclaramos– en la mesa de decisión.

La salida (no) es Ezeiza

José María Ezeiza y Fondevila vivió en las afueras de Buenos Aires hasta 1884 y nunca se enteró de que una estación de tren primero, una ciudad y un aeropuerto internacional después llevarían su nombre. Cuando se inauguró en 1949, el Aeropuerto Internacional de Ezeiza se convirtió en el más grande del mundo, y su tamaño excedía ampliamente el tráfico aéreo de Buenos Aires y alrededores. En ese momento, la Argentina tenía sólo 15 millones de habitantes, es decir, tres veces menos que ahora, y esperaba continuar recibiendo amplios volúmenes de inmigración en las décadas subsiguientes.

Sin embargo, actualmente la situación es muy distinta. En las últimas décadas, la Argentina se volvió sinónimo de crisis económica.

–Si me preguntas a mi... esto ya no tiene arreglo – dice un joven de unos 30 años caminando por alguna calle del microcentro porteño. Así empieza una de las míticas publicidades sobre la Selección Argentina para el mundial 2010. A lo largo del comercial se muestran todos los lugares comunes en los que caemos los propios argentinos a la hora de presentar una imagen negativa y desesperanzadora de nuestro país. –En Estados Unidos ponés un pie en la calle y frenan todos. Acá... ¿sabés qué? –continúa.

–Por ejemplo, en Suiza, aunque sigas trabajando, cobrás la jubilación igual – dice indignado un taxista levantando la vista para buscar aprobación en el espejo retrovisor. –Y, pero Europa es Europa – responde el pasajero resignado, como queriendo dar fin a la conversación.

–En Alemania, vos tirás un papelito y se acercan y te dicen "Señor, se le cayó" – explica un hombre de unos sesenta años a su interlocutor en un típico café de la Ciudad de Buenos Aires. A lo que, desde la silla de enfrente, otro hombre de la misma edad responde con otro discurso común: –Es cultural.

Luego, en una segunda instancia, en la misma publicidad, se pueden ver personas de todo el mundo hablando sobre las bondades de los argentinos en términos futbolísticos. Pasión dentro y fuera de la cancha, talento, superación de adversidades, éxito. El volumen de la música épica de fondo va subiendo a medida que se habla sobre los argentinos en distintos idiomas.

Más de diez años después, esta publicidad nos dice mucho de la forma que tenemos los argentinos de vernos a nosotros mismos, pero además de un clima de época, a nivel regional y global. Entre 2019 y 2020, en América Latina, una decena de países experimentaron fuertes protestas callejeras que derivaron en interrupciones democráticas, crisis presidenciales o recambios de presidentes vía elecciones. Los *Chalecos Amarillos* y las huelgas generales en Francia, Antifa, o el movimiento *Black Lives Matter*, son sólo algunos de los ejemplos que nos muestran lo turbulento que se está volviendo el mundo en los últimos años.

En la Argentina, este contexto reaviva la idea de que *la única salida es Ezeiza*, haciendo referencia a que lo mejor que pueden hacer los jóvenes para tener éxito profesional y vivir una vida plena es emigrar. Como país, estamos en un momento en el que nos cuesta encontrar algo en qué creer. Parecería que es más bien la desconfianza la que predomina: desconfianza en la política, en los políticos, en los partidos, en las instituciones. El derrotismo y la desesperanza se imponen por sobre la idea de la Argentina como país de oportunidades que movilizó a nuestros abuelos. La constante idea de que tenemos todo para ser una potencia y aun así estamos cada vez peor.

La salida es la tecnología

Ahora bien, hasta acá todo muy lindo, pero la gran pregunta es ¿cómo se inserta la Argentina en la revolución tecnológica que estamos viviendo y que vamos a describir a lo largo de todo el libro? El politólogo polaco Adam Przeworski dijo alguna vez que la Argentina era el país más extraño del mundo. Muchos son los países que hacen gala de su excepcionalismo, pero sí es raro que este sea destacado por un extranjero, así que vamos a elegir creerle a Przeworski. En las últimas seis décadas, nuestro país se ha vuelto tristemente célebre por su alta inestabilidad económica: durante ese periodo vivimos –al menos– tres episodios de *default*, tres hiperinflaciones y 55 años con déficit fiscal, como ya dijimos. Sin embargo, y a pesar de todas estas dificultades, la Argentina tiene un enorme potencial en materia tecnológica... y quizás no tan "potencial" como real. Efectivamente, nuestro país cuenta con cinco empresas unicornio[6]: MercadoLibre, Globant, Auth0, Despegar.com y OLX, y dos más a punto de

---

6   *Se consideran como unicornio aquellas startup vinculadas al mundo de la tecnología y valuadas en más de 1.000 millones de dólares norteamericanos.*

superar esta categoría. Esto es más de un tercio de todas las *startups* unicornio de América Latina, lo que nos posiciona como el país con mayor cantidad de estas empresas en términos *per cápita* en nuestra región. Mientras tanto, España sólo cuenta con dos (Cabify y Glovo).

Estas empresas generan empleo de calidad de manera directa e indirecta, por un lado, y por otro permiten a pequeñas y medianas industrias utilizar sus servicios para transformarse y adaptarse de mejor manera a los profundos desafíos del siglo XXI. Algo de esto hemos visto durante el turbulento 2020: cuando muchos comercios, obligados a cerrar sus puertas por razones de fuerza mayor, pudieron continuar operando por vía digital, o muchas empresas siguieron trabajando de manera remota gracias a las plataformas de comunicación *online*. La Argentina es también el país latinoamericano con más Premios Nobel, con cinco reconocimientos de la Academia Sueca, de los cuales tres son en ciencias **(Bernardo Houssay, Luis Federico Leloir** y **César Milstein)**.

A diferencia de la clásica visión de la Argentina como un país exportador de carnes, granos y también algo de fútbol, la Economía del Conocimiento es uno de los sectores más dinámicos y pujantes de la industria del país. Se ubica tercero entre los complejos exportadores argentinos, dejando un superávit externo anual de casi USD 3.000 millones, y con potencialidad para exportar 16 mil millones de dólares en 2030. Si por un momento nos olvidamos de esa característica tan nuestra de pelearnos entre nosotros y de mirar con desconfianza al de al lado, lo que podemos lograr no tiene límites. Y esto, que nace escrito para los argentinos, también se aplica a cualquier otro país, en un contexto mundial donde las sociedades están cada vez más enfrentadas.

La Cuarta Revolución Industrial nos pone ante una disyuntiva no sólo como ciudadanos individuales, sino también como país: ser víctimas o beneficiarios de los cambios tecnológicos, algo que en todo este libro plantearemos como la disyuntiva central de la batalla del futuro. Esto nos obliga a estar más juntos que nunca y a evitar concentrarnos en aquello que nos divide. El desafío es muy grande y no admite errores. Los costos de fallar podrían ser enormes.

Imagínense todo lo que podríamos lograr como país si:

- desde el jardín de infantes los alumnos aprendieran pensamiento sistémico y se prepararan para el complejo mundo que les espera;

- alentáramos la innovación como una política de Estado para mejorar todos los servicios, desde la salud hasta la seguridad;

- nos pusiéramos a la vanguardia no sólo de la región, sino también del mundo, en cuestiones como inteligencia artificial y la *Big Data*.

No es una tarea imposible ni utópica. Tenemos el talento y la capacidad para hacerlo, y sobran los ejemplos de casos exitosos que lo demuestran. Tampoco debemos caer en la tentación de pensar que los problemas urgentes que tenemos convierten a la tecnología en algo "para después". La mayoría de los países exitosos no fueron exitosos primero y luego invirtieron en ciencia y tecnología, sino que primero tomaron la decisión de invertir en ciencia y tecnología y luego, gracias a eso, se volvieron exitosos. Con distintos modelos, estrategias y prioridades, esto es un hecho que se repite en distintas latitudes.

Pero siempre hay un "pero". Si miramos la película en lugar de la foto, la inestabilidad macroeconómica de los últimos diez años ha producido un estancamiento en el sector de la Industria del Conocimiento, especialmente si lo comparamos con el crecimiento de vecinos en la región. Para ponerlo en números: mientras que las exportaciones argentinas de *software* crecieron un 17% desde el 2011, las uruguayas lo hicieron un 250%, las chilenas un 34% y las de Costa Rica un 130%. Por otro lado, los históricos problemas macroeconómicos argentinos ponen en peligro la gran potencialidad con la que cuenta en la economía 4.0: un mercado de capitales pequeño, la falta de confianza de la población en el peso argentino y la inestabilidad política generan una falta de previsibilidad que ahuyenta las necesarias inversiones en el sector. De hecho, en el periodo 2012-2017 las inversiones en la Industria del Conocimiento fueron significativamente menores que en el resto del mundo, lo que generó que no se crearan alrededor de 130 mil empleos nuevos en el sector.

El presidente francés, Emmanuel Macron, declaró en 2019 que uno de sus objetivos de gobierno era lograr que para 2025 Francia cuente con —al menos— 25 unicornios. ¿Y por casa? ¿Cuáles son nuestros planes de crecimiento a futuro? ¿Queremos que la Argentina sea una potencia tecnológica regional o lo vemos como una utopía irrealizable? ¿Cuál será nuestra matriz productiva en los próximos años y qué lugar ocupará en ella la tecnología?

Hay futuro

Allá por 1817, al General José de San Martín se le había metido en la cabeza que para derrotar a las fuerzas realistas españolas había que cruzar los Andes, liberar a Chile y después subir por ahí hasta Lima. Tranqui. Cuando ya casi no recibía apoyo de ningún lado para semejante epopeya, el Director Supremo General Juan Martín de Pueyrredón le escribió:

«A más de las 400 frazadas remitidas de Córdoba, van ahora 500 ponchos, únicos que he podido encontrar. Van los 200 sables de repuesto que me pide. Van 200 tiendas de campaña. Y no hay más. Va el mundo. Va el demonio. Va la carne. Y no sé yo cómo me irá con las trampas en que quedo para pagarlo todo. ¡Y qué carajo! No me vuelva a pedir más, que lo que usted quiere hacer es imposible...»

A lo que San Martín respondió:

«General Pueyrredón, gracias por el envío. Lo recibiré en los próximos meses. Le agradezco todo lo que ha hecho. Usted tiene razón, lo que quiero hacer es imposible, pero es imprescindible».

¿Cómo te vas a poner a pensar en la ciencia y la tecnología si tenemos un 60% de pobres? ¿Cómo vas a querer enseñarle programación a los chicos si el 50% no comprenden textos? ¿Por qué deberíamos apoyar a las empresas tecnológicas en este contexto?

La respuesta a todos estos interrogantes es la misma: lo urgente no puede taparnos lo importante. Puede que suene imposible que América Latina se suba al tren de la economía del conocimiento y el desarrollo tecnológico, pero es imprescindible que lo haga. Es hora de que los latinos, campeones mundiales de la viveza y las soluciones mágicas al estilo Macondo, comencemos a internalizar que los problemas más urgentes se solucionan con mirada a largo plazo. Peter Drucker solía decir que la planificación a largo plazo no es pensar en las decisiones futuras ("una vez que logremos sacar a toda la población de la pobreza, vamos a invertir en ciencia y tecnología"), sino en el futuro de las decisiones presentes. La forma en que eduquemos hoy a los niños que están entrando en la educación primaria va a repercutir en nuestro capital humano como país desde hoy hasta el año 2080. ¿A alguien se le podría ocurrir que los trabajadores de 2060, sin importar a qué se dediquen, no deberán tener un profundo conocimiento sobre cuestiones como inteligencia artificial, *Big Data* o *Blockchain*?

Según las estimaciones de la FAO[7], la demanda de alimentos de la población mundial en el futuro crecerá de forma exponencial en los próximos treinta años. Se calcula que la producción actual de alimentos deberá crecer un 70% para el año 2050, cuando habitarán nuestro planeta alrededor de 10.000 millones de personas. Es decir que no solamente tendremos que producir más alimentos para sacar gente de la pobreza, sino también para alimentar a la nueva población del mundo. Diversos estudios demuestran que los avances tecnológicos en el mundo de la agricultura y los alimentos –lo que se conoce en la jerga como *agrifoodtech*– fue responsable del 60% del aumento de

---

7   Organización de las Naciones Unidas de la Alimentación y la Agricultura (FAO, por sus siglas en inglés, *Food and Agriculture Organization*).

la producción en los últimos 40 años, y tiene un enorme potencial para seguir haciéndolo en el futuro.

Como vemos, la tecnología no es un sector apartado, lleno de nerds y freaks con computadoras encerrados en un sótano alejado de la economía real, sino que es trasversal a todos los otros sectores de la economía. Lo que se conoce como *Economía del Conocimiento*, y que trataremos con mayor profundidad en el capítulo "La batalla por la Economía del Conocimiento" de la Parte 2, no representa un sector. No son sólo los unicornios ni las compañías de *software*. Es un fenómeno transversal a todos los otros sectores, que comprende a las empresas de tecnología, pero también a actividades tradicionales de servicios profesionales y culturales que se vuelcan sobre esa red global. A todos los rubros que se nos ocurran podemos ponerles un *tech* atrás para ilustrar cómo pueden ser modificados en su productividad y competitividad gracias a la utilización de la tecnología. A la ya citada *agrifoodtech* podemos agregarle, sólo por mencionar algunos casos, la industria *Fintech* (tecnología aplicada a las finanzas) o *Proptech* (tecnología aplicada al rubro inmobiliario).

Las industrias del conocimiento en el 2020 representaron el 8% de las exportaciones argentinas y ocuparon el tercer lugar en el *ranking* de complejos exportadores del país, detrás del oleaginoso y el cerealero. Tenemos un recurso social y económico genuino y sustentable para recuperar la confianza del mundo en nuestros mercados, y es el sector con mayor capacidad de generación de empleo inmediato en nuestro país.

La mirada puesta en inversión en ciencia y tecnología a largo plazo y el apoyo a la Industria del Conocimiento no van a generar por sí solos la solución de los problemas que tiene la Argentina, que son de diversa índole y de naturaleza estructural, pero eso no quiere decir que no sean necesarios para alcanzar esa solución. Es una parte imprescindible de un todo más complejo.

Ni Corea ni Israel

Hace unos meses tuvimos la suerte de compartir un almuerzo con el Rabino Alejandro Avruj, alguien a quien respetamos y admiramos mucho. En medio de una conversación más que interesante sobre el futuro del país, se nos ocurrió preguntarle qué opinaba sobre la idea de que la Argentina era inviable.

Después de quedarse unos segundos observando el enorme ventanal que teníamos al lado, Alejandro nos miró y con un tono literario nos dijo: "Miren, chicos, les voy a contar una historia. La historia del país inviable".

Y nos contó muy resumidamente la historia del Estado de Israel, un estado joven, sin recursos naturales y enfrentado con sus vecinos, que de todas formas logró convertirse prácticamente en una potencia mundial y en un ejemplo de lucha contra el coronavirus. Esa misma historia, que nos contó en vivo, se tradujo en una riquísima columna de opinión escrita por él, que se tituló *El país inviable*[8].

Un ejemplo similar podría haberse esgrimido tomando el caso de Corea del Sur, un país que después de la catástrofe de la Segunda Guerra Mundial y los horrores de un conflicto fraticida a principios de la década de 1950

---

8   *El país inviable* – Alejandro Avruj. Infobae. 11 de abril de 2021.
    https://www.infobae.com/opinion/2021/04/11/el-pais-inviable/

parecía no tener futuro. Hoy, a pesar de todos sus problemas, es de los países más desarrollados del mundo.

Efectivamente, Corea e Israel, que hace un par de décadas eran parte indiscutida del tercer mundo, con problemas económicos comparables a los latinoamericanos del momento, lograron sortear esas dificultades y convertirse en modelos de desarrollo casi ejemplares, en ambos casos, tecnología mediante. Cuando se citan estos ejemplos para justificar que no es imposible llegar al camino del desarrollo mediante la tecnología, la primera reacción del interlocutor escéptico que todo lo sabe es algo más o menos así: "pero pará, pibe, nosotros no somos ni Corea ni Israel. Somos la Argentina. Ese es el problema". Ya conoceremos más adelante a nuestro amigo el librero sin visión, pero él tranquilamente podría decir esa frase, y si bien es cierto que no están del todo equivocados en escapar a esa comparación, pierden el hilo central del argumento. (Si no se aguantan las ganas de conocerlo, vayan directamente a la página 58).

Volviendo al punto, cuando una conversación así ocurre –y no son pocas las veces– no podemos hacer otra cosa que darle al otro la razón. Nosotros no somos ni Corea ni Israel: no estamos en guerra con nuestros países vecinos y casi no hemos experimentado conflictos bélicos en nuestra región desde el siglo XIX, salvando algunos casos puntuales. Corea e Israel juntos no alcanzan la superficie de la Provincia de Santa Fe en la Argentina; estamos rodeados de cuanto recurso natural se nos pueda ocurrir, tenemos capacidad para alimentar a diez veces nuestra población (y probablemente mucho más); tenemos alrededor de 130 años más de historia independiente y no contamos con grandes conflictos étnicos o religiosos entre nuestra población, ni somos marco de disputas geopolíticas que nos exceden.

Estamos convencidos de que la Argentina no tiene que seguir ni el modelo israelí ni el modelo coreano, sencillamente porque sus particularidades la hacen distinta a estos y a otros países. Sin embargo, no sería para nada sensato pensar que no tenemos nada que aprender del crecimiento de estos países en los últimos años. Economistas y dirigentes de todas las corrientes políticas están de acuerdo en que, en Corea, el aumento del capital humano mediante una gran inversión en educación es uno de los factores que más contribuyó al crecimiento, con un fuerte foco puesto en la innovación industrial y tecnológica. En el caso israelí sucede algo parecido. Este joven país de Medio Oriente ha apostado desde hace décadas a un modelo basado en el conocimiento y la innovación tecnológica, con un sistema académico de calidad en todos sus niveles y donde se reciben alrededor de 140 ingenieros por cada 10.000 trabajadores, siendo el país con más ingenieros *per capita* del mundo. En segundo lugar, la conexión entre el mundo universitario y el empresarial es uno de los grandes pilares que explican el éxito de los emprendimientos israelíes. Los llamados Centros de Transferencia Tecnológica son una iniciativa con el objetivo de ayudar a los investigadores a desarrollar comercialmente sus ideas para que la investigación no se quede en los laboratorios, sino que también se vuelva rentable y pueda retribuir el dinero que se invirtió en ella. Por último, año tras año, estos países están entre los diez que más invierten en investigación, desarrollo e innovación de todo el mundo, lo que les permite estar a la vanguardia en términos científicos y tecnológicos, alimentando el sistema que ya mencionamos.

La pregunta entonces es: ¿por qué la Argentina no podría hacerlo? Creemos fervientemente que no hay ningún motivo más que nuestra propia obsesión por dispararnos en el pie, que está eminentemente relacionada con otra de nuestras obsesiones, que es priorizar las diferencias por sobre las coincidencias, y el corto plazo por sobre el largo.

La batalla del futuro (*spoiler*)

Hay un sector de la población que está convencido de que la Argentina es inviable, y otro sector que está convencido de que no tenemos que cambiar nada, o más bien, que debemos intentar mantener un modelo económico pensado para mediados de la década de 1950. Creemos, humildemente y con el mayor de los respetos, que ambos sectores están equivocados. En las próximas páginas proponemos, entre otras cosas, una alternativa a esas dos visiones. La Argentina es un país con un enorme potencial, pero no para ser el granero del mundo, sino para convertirse en un referente regional en términos de ciencia, tecnología e innovación. Sin embargo, esa potencialidad sólo puede ser transformada en acto si dejamos atrás nuestra tendencia autodestructiva y trabajamos seriamente y con prioridades claras para que la ciencia, la tecnología y la iniciativa privada innovadora se conviertan en el motor de nuestro desarrollo en todos los ámbitos: desde el campo hasta el rubro inmobiliario, pasando por los servicios o las finanzas, entre otros.

La primera parte del libro consta de 3 capítulos. En el primero comenzaremos adentrándonos en *Las batallas del pasado* para poner en contexto y comparar los cambios tecnológicos actuales con otros que se fueron dando a lo largo de los últimos siglos. En todos ellos hay algo en común: los grandes cambios sociales han sido llevados adelante por personas, o grupos de personas, que tenían algo en qué creer. ¿En qué cree nuestra generación? Además, buscaremos entender cómo y por qué las revoluciones tecnológicas han tenido profundos impactos sociales, y por qué los grandes cambios en la sociedad siempre se han producido impulsados por la idea de que puede haber un mundo mejor, teniendo en cuenta que esta vez se calcula que el impacto de los cambios será 3.000 veces mayor que en el pasado. Por esto, en el segundo capítulo intentaremos comprender la naturaleza de los cambios tecnológicos que estamos viviendo en la Primera Revolución Digital, iniciada en el año 2007, y sobre la que estamos transitando casi sin darnos cuenta, adjudicándole al futuro elementos que en realidad pertenecen al presente. El futuro llegó hace rato.

En el tercer capítulo de esta primera parte del libro abordaremos el complejo y desordenado mundo del futuro, abriendo el debate sobre el rol de la tecnología: ¿es aliada o enemiga de la humanidad? Dejamos la pregunta abierta para hacernos los interesantes, porque podemos y porque queremos.

En la segunda parte nos adentramos —ahora sí— en las ocho *Batallas del futuro*: contra la brecha digital, por la educación, por el empleo, por el crecimiento y la Economía del Conocimiento, contra la crisis de representación, por los datos y por el espacio. En realidad, son 8 batallas y media, porque la primera de ellas, sin la cual se haría difícil comprender todas las demás, es una batalla en contra de lo que Evegny Morozov llama el *solucionismo tecnológico*, es decir esa idea ingenua y utópica de que con la tecnología podemos solucionar cualquier problema social, sin importar su complejidad o profundidad. No estamos de acuerdo con esta postura, aunque los memes digan lo contrario (¿se puede contradecir a un meme?). La tecnología puede, en todo caso, ser una herramienta que ayude a combatir los problemas que (1) los seres humanos consideramos como problemas, y (2) los seres humanos tenemos la voluntad de combatir.

El lector atento habrá notado que, si bien dijimos que había ocho batallas, sólo mencionamos siete. Sí, los estábamos probando. Para terminar, intentaremos describir lo que quizás sea la batalla más importante: la que debemos librar contra nosotros mismos. Bajo la premisa de *cambiar para cambiar el mundo*, abordamos aquellas transformaciones que tendríamos que tener en nuestra actitud hacia la tecnología (y hacia la vida) para convertirnos en agentes y no en víctimas del cambio inevitable que está viviendo nuestra sociedad.

Sin demorarlo más, empecemos.

PRIMERA
PARTE

Capítulo 1

<Las batallas del pasado>

Las batallas del pasado – Algo en qué creer (otra
vez) – El efecto mariposa – El librero sin visión

¿A quién se le ocurre que el primer capítulo de un
libro sobre tecnología y futuro se llame *Las batallas del
pasado*? Se supone que en estas páginas tendríamos que
ocuparnos de mirar hacia adelante y tener cuidado de que
en los cortos plazos entre que lo entregamos a nuestra
editora y efectivamente se publique no suceda algo que
haga que tengamos que tirar todo lo escrito a la basura.
Una pandemia, por ejemplo, o algo así. Con la velocidad
a la que suceden los eventos en el siglo XXI, lo que pasó
ayer ya quedó viejo, y quizás ese sea el principal desafío
de un libro que pretende, humildemente, ser una herramienta para enfrentar un futuro incierto y complejo.

Tal vez, para decepción del lector, nos vemos obligados a posicionarnos en desacuerdo con la absurda
idea de que tener una mirada de futuro implica no mirar
hacia atrás y creer que no tenemos nada que aprender
del pasado (lo cual no implica quedarse estancado mirando hacia atrás, como ya dijimos). No queremos ser
como los caballos con anteojeras, que van hacia adelante sólo porque no pueden ver hacia otro lado. Queremos

entender al futuro en su contexto, para poder convertir este libro en una caja de herramientas para humanos que provengan de distintas generaciones, contextos sociales y profesionales. En Perú, 450 kilómetros al sur de Lima y en medio de un enorme desierto, se encuentran las localidades de Nazca y Palpa. Alrededor de estos poblados se pueden encontrar una multiplicidad de figuras de gran extensión dibujadas en el suelo y popularmente conocidas como las *Líneas de Nazca*. Sin embargo, si nos paramos sobre esas figuras, o al lado de ellas, no veremos figuras geométricas, ni animales, ni laberintos o figuras antropomórficas, sino que más bien nos encontraremos con simples líneas en el suelo que no quieren decir nada. Por el contrario, hace falta alejarse y verlas desde el aire, o desde alguna de las colinas circundantes, para entender su significado.

Exactamente lo mismo sucede con los acontecimientos históricos. A la distancia, y lejos del ruido comunicacional y la euforia que provocan en un principio, las cosas suelen verse mucho mejor.

Las batallas del pasado

A lo largo de la historia de la humanidad, cada generación ha tenido su propia batalla. Desde aquellas batallas para imponer una religión sobre otra, o las que implicaban conquistar territorio, hasta las que pusieron en pugna distintos sistemas políticos o económicos. Los grandes eventos que recordamos en los libros de historia son fruto de esas batallas. Así, no puede entenderse la Revolución francesa si no pensamos en una generación que luchó por la libertad, la igualdad y el fin de los privilegios heredados del feudalismo. Bajo esta misma lógica entran también las independencias americanas y otra decena de revueltas y revoluciones en todo el mundo, con menos *glamour* que la de 1789.

Durante la década de 1960, los movimientos por los derechos civiles visibilizaron que, incluso en las naciones consideradas más democráticas e igualitarias, el simple hecho de haber nacido con un determinado color de piel podía limitar las oportunidades de una persona. En la teoría éramos todos iguales, pero algunos eran más iguales que otros...

La batalla que le toca a nuestra generación es lo que nosotros llamamos *la batalla del futuro*, y se trata de dejar atrás una forma antigua e ineficiente de hacer las cosas y adoptar una mentalidad disruptiva e innovadora. *Cambio cultural*, le llaman algunos. Es una lucha entre la rutina y la creatividad, la verticalidad y la horizontalidad, la homogeneidad y la diversidad. Una batalla que libramos día a día contra una parte de nosotros que se resiste a las transformaciones necesarias para desarrollarnos en el mundo que viene, por miedo, por comodidad o, sencillamente, por no saber por dónde empezar. Es una batalla por cambiar el mundo, y todo cambio genera incomodidad, miedos e inseguridades. La tienen que dar profesores, alumnos, empresarios, empleados, políticos, funcionarios, emprendedores y cualquier persona que quiera sobrevivir al mundo del futuro. En resumen: es una batalla entre el mundo que se viene y el que se está yendo.

El sistema de organización social en el que vivimos fue creado —no sin conflictos en el medio— para dar respuestas al mundo de la Primera y la Segunda Revolución

Industrial: motores a vapor, televisores, petróleo, industria pesada, escuelas con forma de cárcel y personas que trabajaban como máquinas en tareas –valga la redundancia– bastante mecánicas. No debería llamarnos para nada la atención que este sistema no se adapte a la perfección frente a las redes sociales, los teléfonos inteligentes, la biotecnología y las criptomonedas.

Una buena parte de los políticos, electores, banqueros, periodistas, profesores, alumnos y una larga lista de etcéteras, apenas logra ver el enorme cambio que se está produciendo ante sus ojos, y pretende seguir aplicando las viejas recetas a la nueva realidad. Si seguimos haciendo lo mismo cuando las circunstancias cambian, no hay que ser un genio para darse cuenta de que la cosa no puede terminar bien.

El teórico italiano Antonio Gramsci definía la *crisis* como aquel momento en el que lo antiguo no termina de morir y lo nuevo no acaba de nacer. Y en esas estamos, amigos. Mucha gente se encontraba muy cómoda en el mundo del 2019 y creía que no debía cambiar nada de cómo hacía las cosas cotidianamente, a pesar de que muchos venimos insistiendo hace rato con la necesidad de adaptar nuestros hábitos a lo que pronto será *la nueva normalidad*: el mundo de la tecnología. Lo sucedido tras la pandemia global de coronavirus fue un cachetazo a la comodidad y el conformismo, así como también al escepticismo sobre la importancia de la tecnología en nuestras vidas. Los que descreían del *home office* y las clases virtuales se vieron obligados a usarlos de un día para el otro, y en muchos casos casi sin preparación previa, de manera muy improvisada, lo cual, desde luego, tuvo costos. Quienes desconfiaban de las compras por internet en muchos casos se volvieron fanáticos, muchos cumpleaños empezaron a festejarse por videollamada y la demanda de cursos para aprender a programar y capacitarse en habilidades digitales se disparó. Lo nuevo está naciendo. Muy rápido. Y tenemos que estar preparados.

Si no damos la batalla ahora, mañana puede ser demasiado tarde[9].

Algo en qué creer (otra vez)

Todas las batallas que mencionamos, desde la Revolución francesa hasta el movimiento de los derechos civiles, tienen una cosa en común: fueron llevadas adelante por hombres y mujeres que creían firmemente en algo y dieron su vida, su dinero, su prestigio o su tiempo por esa causa, por todo en lo que creían, lo que los movilizaba.

Aquello en lo que creemos puede tener un enorme poder transformador de la realidad. No porque podamos cambiarla por telepatía –ya quisiéramos… ojalá alguien invente una app para eso– sino más bien porque creer en algo nos mueve a hacer cosas. Si no creyéramos en que el esfuerzo personal y la educación pueden llevarnos a tener una mejor calidad de vida en el futuro y realizarnos como seres humanos, ¿por qué nos bancaríamos una clase de tres horas por Zoom donde un profesor escupe contenidos de manera monótona a una serie de cuadraditos inertes? Si nuestros

9 En la versión del libro que –muy contentos– entregamos a la editorial los primeros días de febrero de 2020, esta oración tenía el propósito de incomodar al lector y llamarlo a la acción. Viendo ejemplos de personas individuales y empresas que, a pesar de tener las condiciones materiales para hacerlo, no pudieron adaptarse a los confinamientos obligatorios que sucedieron unos meses después, estamos más convencidos que nunca. No esperemos –otra vez– a que sea demasiado tarde. La innovación constante debería ser, a partir de ahora, parte de la nueva normalidad. Y la comodidad… una señal de alerta.

abuelos no hubieran creído en que América era una tierra de oportunidades donde podrían formar una familia sin pasar hambre y miseria, ascendiendo rápidamente en la escala social, ¿por qué habrían viajado más de 15 días de Galicia a la Argentina en un barco de carga para instalarse en una pieza compartida y trabajar 12 horas al día? Lo que creemos nos mueve y nos impulsa desde las cosas más pequeñas a nivel individual hasta las grandes hazañas a nivel colectivo.

Pero no necesariamente las cosas que creemos nos motivan a ser mejores, o a superarnos. También podemos creer que el mundo es una porquería injusta y que las cosas sólo van a poder ponerse peores. Y si esto es así, ¿qué más da lo que hagamos?

En un famoso tango argentino escrito en 1934, *Cambalache*, Enrique Santos Discépolo describía a su tiempo de la siguiente manera:

Siglo veinte, cambalache
problemático y febril.
El que no llora no mama,
y el que no afana es un gil.
¡Dale, nomás!
¡Dale, que va!
¡Que allá en el horno
nos vamo' a encontrar!
No pienses más, sentate a un la'o,
que a nadie importa si naciste honra'o.
Da lo mismo el que labura
noche y día como un buey,
que el que vive de los otros,
que el que mata, que el que cura
o está fuera de la ley.

No pienses más, que todo da lo mismo. ¿Para qué te vas a esforzar? ¿Para qué vas a respetar la ley o hacer algo por los otros? Esa parecía ser la idea de muchos argentinos hacia 1934. Pero si algo que fue escrito durante la primera mitad del siglo XX por alguien que nació en 1901 parece muy lejano, veamos la letra de *MUGRE*, un rap muy actual (2020) del rapero y *freestyler* Wos, nacido en 1998.

> Y entiendo que estés cansado,
> hay veces que el no presente es una cuestión que aturde,
> pasando del remordimiento de un hecho pasado
> al futuro que es un pozo plagado de incertidumbre. (...)
> Mi alma se pone fea cuando el día amanece
> y el sol pregunta a gritos "¿hoy qué vas a hacer?".
> Vuelvo a encontrar refugio donde todo oscurece
> y mis vergüenzas bailan sin que vos las puedas ver.

Las palabras, el estilo musical y la estética son muy diferentes, pero el sentimiento de incertidumbre y mirada negativa hacia el futuro no parecen ser muy distintos. ¿En qué cree nuestra generación? ¿Qué nos motiva hoy en día? Ninguna batalla puede darse sin algo en qué creer. Si no creemos que de alguna manera el futuro puede ser mejor, sólo podemos ahogarnos en la eterna cárcel del presente.

El efecto mariposa

A lo largo de la historia, la tecnología ha sido uno de los principales motores de cambio social. No, los hombres de las cavernas no buscaron en Google cómo hacer para prender fuego con dos palitos, pero todos los inventos, desde la rueda hasta las diversas técnicas primitivas de escritura, fueron importantes avances tecnológicos que provocaron un considerable impacto en la sociedad.

Probablemente todos hemos visto la película *Efecto Mariposa* (o en su defecto al menos la parodia que hacen Los Simpson de ella)[10], en la que el protagonista debía cuidarse mucho de no hacer cambios en sus viajes al pasado, porque los efectos que esto podría tener en el "futuro" serían totalmente inesperados e inciertos. *El aleteo de las alas de una mariposa puede provocar un tsunami al otro lado del mundo*, afirma un proverbio chino. Es que es muy difícil poder predecir las consecuencias de los actos que realizamos. Imagínense cuando se trata de cuestiones con tan alto impacto como los desarrollos tecnológicos que fuimos viendo en los últimos años. Esto sigue funcionando exactamente igual, pero sin viajes en el tiempo (al menos por ahora). Los cambios tecnológicos, como hablaremos más adelante, provocaron efectos totalmente inesperados en ámbitos tan distintos como la política, el mundo del trabajo o las relaciones afectivas. Por supuesto que esto no es una novedad. En un mundo en el que todo está en permanente cambio, a veces es importante entender que hay algunas cosas que son constantes, no todo es tan nuevo. Desde la invención de la rueda o la imprenta, los grandes cambios y avances tecnológicos también conllevan enormes mutaciones en la forma en que vivimos y nos relacionamos entre nosotros y con el mundo que nos rodea. Para los hombres

---

10 Donde se inmortalizó la frase "¡Qué tarado, aplasté un pescado!".

de la Edad de Piedra, el descubrimiento del fuego o la invención de la rueda implicaron el surgimiento de la vida sedentaria, y esto a su vez configuró las relaciones sociales de una forma particular.

Pensemos también en cómo el uso masivo del automóvil facilitó la movilidad de las personas, fomentando, por ejemplo, el turismo, dando lugar a expresiones como *la mar en coche* cuando los ciudadanos de Madrid viajaban hacia el sur de España para tomar unas vacaciones en la playa. Incluso tuvo consecuencias en el mundo de la publicidad. Cuando los coches comenzaron a alcanzar velocidades superiores a los 50 km/h, los carteles publicitarios tuvieron que reconvertirse para transmitir ideas complejas con una palabra o una simple imagen que pudiéramos asociar rápidamente. Así, por el mismo efecto mariposa que se activa cuando Homero aplasta un pescado en la prehistoria y convierte a Flanders en el líder mundial del futuro-presente, el surgimiento de los automóviles llevó también al uso masivo de los logotipos corporativos.

Lo mismo sucede si pensamos en cómo el surgimiento de la imprenta provocó que las ideas pudieran propagarse mucho más rápido entre la gente, generando importantes cambios incluso a la hora de concebir la política y el rol del Estado, sin los cuales la Revolución francesa, trescientos años después, no hubiera sido posible. La propia idea de la democracia de masas, donde todos los hombres tienen el mismo derecho a participar eligiendo sus representantes, no hubiera sido concebida nunca si la imprenta no hubiera facilitado el acceso al conocimiento a múltiples sectores de la sociedad.

¿Qué tiene que ver un orfebre alemán inventor de los tipos móviles en 1440 con que hayan decapitado a

Luis XVI en 1789? ¿O los automóviles con los logotipos? ¿O qué tiene que ver el iPhone con el emprendedurismo? Como en *Efecto Mariposa*, todo está relacionado, con un factor común que se repite: los cambios tecnológicos generan cambios en los seres humanos a nivel individual y en las sociedades en el plano colectivo. Esto siempre ha sido así, y es una constante histórica que pocas veces tomamos en cuenta. Generalmente, en el colegio nos enseñan la historia como una sucesión de batallas, guerras, revoluciones y luchas por ideales de valientes hombres y mujeres que cambiaron el mundo. La historia de la humanidad, según la escuela, es la historia de Robespierre, Napoleón, San Martín, Bolívar o Washington. Mientras tanto, en un aula contigua, otros niños en otra clase escuchan –usualmente en menor medida– sobre Nicolás Copérnico, Isaac Newton, Nikola Tesla, Thomas Edison, Henry Ford o Steve Jobs, sin vincularlo con todo lo que vieron en sus clases de historia, como si se tratase de dos compartimentos estancos inconexos, que sucedieron en paralelo y que no tienen nada que ver entre sí. ¿Podemos entender a Robespierre sin Newton? ¿O a Kennedy sin Edison o Henry Ford?

El librero sin visión

"Os digo que este es el fin del mundo. Jamás se
han visto tales desmanes entre los estudiantes
y todo ello es debido a los malditos inventos
modernos que echan todo a perder; (...)".

Aunque les resulte sorprendente, esta frase no la dijo un señor enojado en el subte porque un joven que debería darle el asiento estaba mirando el celular y con los auriculares puestos. Tampoco la dijo un profesor mientras un alumno intentaba copiarse utilizando su *smartwatch*. Leer la continuación de ese párrafo quizás pueda darnos una mejor idea:

> "(...) las artillerías, las serpentinas, las bombardas,
> pero sobre todo la imprenta, esa peste llegada de
> Alemania. Ya no se hacen libros ni manuscritos, la
> imprenta hunde a la librería. Esto es el fin del mundo".

Este fragmento pertenece a *Nuestra Señora de París*, la novela del célebre escritor francés Victor Hugo que inspiró la película *El Jorobado de Notre Dame*. Esas líneas, que fueron escritas en 1831, se ponían en realidad en boca de un librero de la Universidad de París que estaba hablando en 1482, año en que está ambientado el relato. Evidentemente, *(¡SPOILER ALERT!)*, el mundo no se terminó debido a la imprenta o a los "inventos modernos" de los que habla el librero. Y, probablemente, los "desmanes" de los estudiantes del siglo XV no se parecieron ni un poquito a los que se sucedieron durante el mes de mayo de 1968 en esa misma ciudad, o los que están ocurriendo mientras se escriben estas líneas[11]. Sin embargo, y sin culpar al pobre librero, cada vez que se han dado grandes cambios a nivel social, muchos han tenido la sensación de que eso era el fin del mundo. Eso quería expresar Victor Hugo, tanto sobre 1830 como sobre 1480, y eso

---

11 No importa cuándo leas esto, siempre habrá desmanes en París.

mismo está sucediendo hoy. Mucha gente lo ve así. *¡Pero que no panda el cúnico!*

Quizá lo que más le preocupaba a este librero no era que estaban cambiando los modales de los estudiantes o que nuevas ideas se expandían ahora mucho más rápidamente generando un clima de convulsión social que no era propio de la Edad Media, sino que su miedo al futuro radicaba en que "la peste llegada de Alemania"[12] se metía directamente con su herramienta primordial de trabajo: libros y manuscritos. Vemos entonces que los sentimientos que hay detrás de esta queja son los que, en conjunto, han movilizado al ser humano durante casi toda su existencia: la necesidad de autopreservación y el miedo. El miedo a aquello que es desconocido y que podría poner potencialmente en peligro nuestra propia existencia ha generado resistencias a los cambios históricamente y, en consecuencia, resistencias a la tecnología. El célebre escritor británico Douglas Adams elaboró en 1999 una serie de reglas que definen las reacciones de los seres humanos hacia las nuevas tecnologías y que podrían resumirse de la siguiente manera:

> Todo lo que ya está en el mundo cuando naces es normal y ordinario, y tan sólo una parte natural de la forma en que el mundo funciona. Todo lo que es inventado entre cuando tienes quince y treinta y cinco años es nuevo, excitante y revolucionario, y probablemente podrás hacer carrera con ello. Todo lo que es inventado después de que cumpliste los treinta y cinco años va contra el orden natural de las cosas.

---

12 La imprenta se inventó a mediados del siglo XV. Como dato de color, también podemos ver que franceses y alemanes nunca se llevaron muy bien que digamos.

Aquello que *va contra el orden natural de las cosas*, suele darnos miedo.

Cualquiera que hoy se ponga a pensar, utilizando al menos un décimo de neurona, sobre cómo se fueron dando los acontecimientos posteriormente, se dará cuenta de que eso que estaba sucediendo era una oportunidad inmejorable para una persona que trabajaba con libros. El abaratamiento de los costos de producción de un ejemplar permitía que los libros fueran ahora accesibles a una mayor cantidad de personas, lo que hoy interpretaríamos como una oportunidad enorme de mercado para el dichoso librero que, sin embargo, no lo estaba pudiendo ver.

Muchas veces, ver lo que tenemos delante de nuestras propias narices es mucho más difícil de lo que parece. El librero tenía tanto miedo al cambio que veía una amenaza en aquello que, en realidad, era una oportunidad. Hoy es muy fácil decir que ese pobre librero tenía menos luces que el coche de los Picapiedra, pero no nos apresuremos a juzgarlo. Si realizamos una mirada aguda hacia nuestro alrededor, en pleno siglo XXI, y lo comparamos con el librero sin visión, podemos obtener una segunda regla sobre el impacto de los grandes cambios tecnológicos en la sociedad:

Nunca hay que subestimar la capacidad de un idiota con miedo para echarlo todo a perder.

Capítulo 2

<El mundo del futuro presente>

2007: El comienzo de una nueva era– La Primera Revolución Digital – Surfeando la ola – La *selfie* fallida – ¡¿Un día sin tecnología?! – Un cuento chino – Cuando la Argentina venció al FBI

La palabra idiota encuentra su raíz etimológica en el griego ἴδιος ['idios] que hace referencia a lo propio, personal o privado. Es decir, aquellas personas que no se ocupaban de lo público porque se concentraban en sí mismas, gente que no veía a su alrededor. Con el tiempo esta palabra fue evolucionando hasta convertirse en un sinónimo de ignorante, pero si lo pensamos, no se ha alejado mucho de su significado original. En el fondo, existe una relación muy fuerte entre el ignorante y quien no mira a su alrededor. Podríamos decir que existe casi una relación de causalidad. Cuanto menos mires a tu alrededor y más te mires a ti mismo, más ignorante serás.

En *El arte de la guerra,* el general chino Sun Tzu advierte que sólo cuando conocemos cada detalle de la condición del terreno podemos maniobrar, luchar y salir victoriosos de una batalla. Por eso, en esta primera parte del libro nos proponemos describir el estado del terreno, el contexto y los avances tecnológicos que están generando las condiciones para que se produzcan los cambios más impactantes que el ser humano haya visto en toda su historia. Sabiendo, además, aunque no es nuestra intención contradecir a Sun Tzu, que es imposible conocer plenamente un terreno dominado por la incertidumbre.

Porque no queremos ser –aún más– idiotas, la idea de este capítulo es dedicar unas páginas a mirar un poco e intentar entender aquello que está pasando a nuestro alrededor, desde la Primera Revolución Digital hasta un mundo en desorden, donde la confianza de los seres humanos en sus dirigentes es cada vez menor... ¿Qué tiene que ver una cosa con la otra? Mucho.

Si en el pasado la humanidad consiguió los medios para poder transformar todo el mundo que nos rodeaba, en el presente se está invirtiendo la relación: las herramientas que creamos para tal fin están empezando a transformar nuestro futuro. Entender estas fuerzas que están moldeando la sociedad es de suma importancia para dar la batalla del futuro... y no ser idiotas.

Allá vamos.

2007: el comienzo de una nueva era

Probablemente, en los libros de historia con los que estudien nuestros nietos el 2020 va a ser un año de cambio de época, así como los años 476, 1492 o 1789. Esto es por varios motivos: el mundo atravesó una crisis –casi– sin precedentes, la economía global colapsó, son dos números redondos y fáciles de recordar... En fin: es marketinero y tiene mucha prensa. Pero por cada 2020, 1789 o 1492 hay un 2007. Es decir, un año de disrupción y cambio casi tan importante como el que todos recordamos, pero que por alguna razón no es tan memorable. Los cambios que suelen asociarse a 1492 no podrían explicarse sin entender primero la caída de Constantinopla en 1453, ni la invención de la imprenta. La Revolución francesa de 1789 tampoco se entendería sin la Guerra de la Independencia y la Revolución norteamericana de 1776, y así podríamos citar toda una serie de años olvidados esperando a ser reivindicados: el 2007 es uno de ellos.

Estamos transitando un momento fascinante de la historia, una época de cambios sin precedentes en que la tecnología empezó a jugar un papel fundamental en todos los ámbitos de la vida. Casi todo lo que hacemos en nuestro día a día está mediado de una u otra manera por la tecnología, y aunque nos resulte difícil dimensionarlo, muchas personas creen que estamos ante un punto de inflexión en la historia de la humanidad. Sí. Hoy, en un día normal de nuestra vida, que empezó aparentemente como siempre con una alarma sonando y tus deseos de tirarla por la ventana y seguir durmiendo. Hoy y ahora, el mundo puede estar experimentando cambios más profundos de los que ocurrieron con la llegada de Cristóbal Colón a América o con la Revolución francesa. Y lo más interesante de todo: sucede de forma casi imperceptible.

Nos cuesta creer que los grandes cambios que van a estudiarse en el futuro estén sucediendo mientras vivimos, y que nosotros somos los protagonistas. Vemos la historia como algo que sólo viene en libros y que nos es demasiado lejano. Por alguna razón creemos que nada de lo que observamos actualmente puede ser más importante que la Primera y Segunda Guerra Mundial, la Revolución francesa o el descubrimiento de América, pero probablemente lo mismo le sucedía al alfarero catalán de fines del siglo XV y al panadero parisino de fines del siglo XVIII: no tenían ni idea de que ese año que estaban transitando sin pena ni gloria iba a ser una parte clave de la historia.

Los videojuegos que jugamos y las series que miramos se ambientan en pasados fascinantes, como la antigua Roma, Grecia, Egipto o en un futuro de ciencia ficción. ¿Pero qué pensarían si dijéramos que en realidad los cambios que estamos viviendo ahora son mucho más profundos y tendrán un impacto mucho mayor en la sociedad que los que acabamos de mencionar? ¿Y qué dirían si supieran que, probablemente en unos años, se hagan videojuegos y se escriban libros acerca del increíble momento que se vivía en 2020?

Podemos considerar que el año 2007 fue el punto de inflexión en esta historia. Desde ya que no hay cambios que ocurran de un día para el otro ni una fecha que marque el fin de una era y el inicio de otra, pero durante el año 2007 –casualmente o no– se dieron una serie de acontecimientos que actuaron como bisagra y definieron los enormes cambios que hoy atravesamos a nivel global. Probablemente la mayoría de los que están leyendo este libro ya habían nacido y tienen al menos un leve recuerdo de cómo era su vida en ese entonces. Messi ya era figura en el Barcelona, las Torres Gemelas ya habían sido derribadas por Al Qaeda, prácticamente todos ya nos habíamos habituado a convivir con computadoras, aunque no había memes o eran muy precarios y Daddy Yankee ya había lanzado su hitazo *Gasolina*. 🎵 Por alguna razón no nos parece tan lejano, pero pensemos un segundo todo lo que cambió el mundo en tan poco tiempo.

¿Qué pasó?

El 9 de enero de ese año, durante el *Mac World 2007* que se realizó en San Francisco, Steve Jobs presentó lo que en sus propias palabras implicó la reinvención del teléfono móvil: el primer iPhone, con la promesa de que permitiría leer emails, navegar en Google Maps, ver televisión y escuchar música, "entre otras cosas". Hoy, a menos de quince años de aquello, nos parece básico que cualquier teléfono celular tenga estas funciones y lo tenemos totalmente incorporado. *¿¡Cómo no voy a poder leer emails en el teléfono!?* Pero en ese momento, hay que decirlo, aquello era revolucionario, tan revolucionario que el periódico británico *The Guardian* publicó un artículo y lo tituló "Apple anuncia su revolución"[13].

Ese mismo día, Jobs también presentó a la sociedad el Apple TV que, aunque opacado en ese momento, se convertiría más tarde en una pieza fundamental para la reinvención del entretenimiento audiovisual *on demand*, precursor de los Smart TV. Piensen que, si no fuera por eso, para ver una película todavía tendríamos que depender de la programación de aire un domingo por la tarde... ¡Gracias por tanto, Steve! ☞

En 2007, Google lanzó Android, fundamental para que los *smartphones* alcancen masividad a escala global, y tres jóvenes concibieron Airbnb en un departamento de San Francisco para revolucionar la industria del turismo. Al mismo tiempo, se producía el despegue de una plataforma de microblogging fundada en 2006 que hoy todos conocemos como Twitter, y Facebook dejaba de ser una red cerrada al ámbito universitario para empezar a ser una red abierta a todo el mundo.

---

13 Pueden ver el artículo en:
https://www.theguardian.com/technology/2007/jan/10/news.business

También en 2007, pero en noviembre y en la Ciudad de Nueva York, Jeff Bezos, el CEO de Amazon, ponía a la venta el primer Kindle, o el "iPod de los libros", como lo llamó en ese momento el periódico español *El País*[14]. Este dispositivo cambió la forma en que muchos consumen literatura y, aunque haya algunos que siguen siendo amantes del formato papel, lo cierto es que el libro electrónico llegó para quedarse.

A fines de 2006 y principios de 2007, David Ferucci, gerente del Departamento de Análisis e Integración Semántica de IBM comenzó, junto con su equipo, a darle forma al proyecto de crear una computadora con habilidades cognitivas, llamada Watson, que sería la primera en combinar *machine learning* con inteligencia artificial.

Y la lista podría seguir...

Todo lo referido nos muestra que en los últimos años hemos vivido un proceso de grandes cambios tecnológicos que nos ha puesto a disposición herramientas y espacios nuevos para divertirnos, trabajar, consumir noticias o comunicarnos. El punto clave es saber que estos cambios tecnológicos no vienen solos, sino que siempre traen aparejados nuevos cambios en la sociedad en la que impactan, que a veces ni siquiera podemos imaginar en el momento y en un alcance que al principio nos parece muy lejano.

¿Quién hubiera pensado, cuando salió Twitter, que un presidente iba a dar órdenes a sus ministros usando esa red social? Ah, ¿no lo creen? Vayan a Twitter y escriban en el buscador @Nayibbukele (presidente de El Salvador... millennial). ¿Quién se hubiera imaginado, cuando Steve Jobs

---

14 Pueden ver el artículo en:
    https://elpais.com/diario/2007/11/20/radiotv/1195513204_850215.html

presentaba el iPhone, que habría gente cuyo trabajo sería hacer videos para Instagram? ¿O que Juan, un chico de 14 años con parálisis cerebral, podría ir por primera vez solo a una panadería en Mar del Plata y hacer su pedido mediante una aplicación para un teléfono celular de gama media?

Probablemente, aquellos que graben los videomanuales de historia con los que estudiarán nuestros nietos en la escuela del futuro hablarán del 2020 como el año en que todo cambió. Pero, marketing aparte, todos los cambios que vivimos en nuestra forma de trabajar y relacionarnos durante los últimos meses no hubieran sido posibles sin todo lo que sucedió en 2007. Y nosotros, los protagonistas de esta historia, podemos afirmarlo.

La primera Revolución Digital

Desde que en 2016 el fundador del Foro Económico Mundial, Klaus Schwab, acuñó la expresión *Cuarta Revolución Industrial*, miles de páginas se escribieron acerca de este tema. Para los académicos, los periodistas y las compañías resultó sumamente útil disponer de un concepto que sintetizara la inmensa ola de cambios que atravesamos y que resultan difíciles de dimensionar.

Afirmar que estamos atravesando la Cuarta Revolución Industrial implica necesariamente la existencia en la historia de tres revoluciones industriales previas y nos pide que aceptemos que el fenómeno actual comparte al menos algunos rasgos comunes con ellas, y a la vez posee características que lo diferencian de sus predecesoras. Lo fascinante es que, cuanto más profundizamos en lo que está sucediendo, más nos convencemos de que es algo sin precedentes en la historia de la humanidad. Es tan disruptivo que el mismo concepto de "revolución" no alcanza a describirlo en su totalidad. La palabra *revolución* viene del latín *revolutio* que significa "dar una vuelta de un lado al otro". Sin embargo, lo que estamos viviendo hoy son miles de vueltas que ocurren al mismo tiempo y a una velocidad inimaginable.

Hagamos ahora un poquito de historia y repasemos brevemente las revoluciones previas.

La Primera Revolución Industrial comenzó en Europa a mediados del siglo XVIII, cuando el inventor escocés James Watt patentó, en 1769, la máquina de vapor. Esto implicó el paso de una economía basada en la agricultura a sociedades centradas en la industria y, consecuentemente, en el ámbito urbano. Las poblaciones empezaron a trasladarse masivamente a las ciudades para trabajar en las nuevas fábricas y, en la mayoría de los casos, en condiciones de vida paupérrimas. Lo que pasaba es que las ciudades medievales no estaban pensadas para recibir tanta cantidad de gente y eran las zonas rurales, establecidas alrededor de las ciudades fortificadas, las que albergaban a la mayoría de la población. Por lo tanto, como era de prever, las ciudades comenzaron a colapsar y a expandirse como manchas de aceite, generando a sus alrededores cordones de pobreza que al mismo tiempo se convirtieron en caldo de cultivo para levantamientos sociales. Esta sensación de frustración con la vida en las ciudades de mediados del siglo XIX es el ambiente en el que transcurre la célebre novela *Los Miserables* de Víctor Hugo, obra que ofreció múltiples versiones musicales y cinematográficas desde su publicación hasta hoy. Una de las canciones más famosas de la película estrenada en 2012, interpretada por Anne

Hathaway en su rol de Fantine (canción que también llevó a la fama a Susan Boyle) fue *I dream a dream*, cuya letra describe la situación de la época:

> *I had a dream my life would be / So different from this hell I'm living / So different now from what it seemed /Now life has killed the dream I dream.*

> Soñé que mi vida sería / muy diferente a este infierno que estoy viviendo. / Muy diferente ahora de lo que parecía. / Hoy la vida ha matado mi sueño.

El descontento de los diferentes sectores de la población creció, como también su reclamo de mayor atención por parte de la clase política. No es casual que hacia 1848 un tal Karl Marx haya escrito en Londres el *Manifiesto Comunista* llamando a estos obreros, cuyos sueños de progreso social estaban rotos como los de Fantine, a levantarse contra el sistema.

Un cambio tecnológico, como la invención de la máquina de vapor, ocasionó muchos otros cambios que impactaron enormemente en la gente. ¿Quién hubiera pensado que la máquina de vapor en Gran Bretaña tuviera algo que ver con la Revolución cubana? Nuevamente, vemos que el aleteo de una mariposa puede provocar un tsunami del otro lado del mundo.

Volvamos a nuestra historia.

Justo en ese momento –a mediados del siglo XIX– estaba comenzando la Segunda Revolución Industrial, que desde luego no hubiera sido posible sin la anterior, pero que generaría un impacto mucho mayor. Si bien la industrialización continuó siendo el motor del cambio, se produjeron una serie de avances técnicos y se incorporaron nuevos materiales que derivaron en novedosas fuentes de energía (como la eléctrica), en innovadores sistemas de transporte, como el automóvil y el avión, o en la revolución de las comunicaciones con el telégrafo, la radio y el teléfono. Estos dispositivos ayudaron enormemente a profundizar los procesos de globalización y el acercamiento entre regiones remotas del mundo. Debido a esta mutación industrial, el hierro y el carbón se volvieron materiales muy importantes, a tal punto que aquellos lugares donde se encontraban sus yacimientos cobraron una importancia central en todo el mundo. Una región en particular con estas características nos debe sonar especialmente de los libros de historia: Alsacia y Lorena, disputada por Francia y el Imperio alemán. Esta disputa pondría en marcha, junto con otros detonantes, la Primera Guerra Mundial. Otra vez, la tecnología como agente de los grandes cambios sociales y como protagonista indirecta de la Historia.

Tenemos que avanzar unos años más para llegar a la Tercera Revolución Industrial, que ya no aparece en muchos libros de Historia. En este caso, la tecnología que funciona como punta de lanza es distinta, y nos suena un poco más cercana: el transistor. Los transistores son dispositivos electrónicos semiconductores utilizados para entregar una señal de salida en respuesta a una señal de entrada... ¿En castellano? Son los que permitieron crear los primeros procesadores. ¿Más en castellano? Digamos que son los que permiten que cuando estamos presionando la tecla A en el teclado, en nuestra pantalla aparezca la letra A, entre otras cosas desde luego mucho más importantes. Si no existiera el procesador, el hombre no podría haber llegado a la Luna, ni creado la computadora, y este libro estaría siendo escrito en una máquina de escribir o, más bien, no estaría siendo escrito.

La invención del transistor permitió que la tecnología sea mucho más pequeña y, al mismo tiempo, poderosa y con una velocidad fascinante. De hecho, todas las computadoras que se utilizaron en la misión Apolo XIII, que llevó por primera vez al hombre a la Luna en 1969[15], tienen menor capacidad de procesamiento que un *smartphone* de gama media, de esos que usamos para ponernos el filtro del perrito en Snapchat, o como linterna cuando no hay luz.

La llegada del transistor, la masificación del uso de las computadoras y el surgimiento de internet provocaron múltiples y enormes cambios en nuestra vida social y laboral. Basta con recordar que, hasta hace no mucho tiempo, algunos colegios tenían una materia llamada Dactilografía, que servía para aprender a tipear bien, rápido y sin mirar en la máquina de escribir. Esto resultaba enormemente útil a la hora de encontrar un empleo como secretario o asistente en una empresa. Sin embargo, hoy a nadie se le ocurriría considerar esto como una habilidad a la hora de contratar a alguien. Se da por descontado que todos sabemos escribir en un teclado y, si cometemos algún error, la bendita tecla *delete* nos facilita mucho las cosas. Antes cometíamos un error escribiendo una carta o un memo en nuestro trabajo y teníamos que borrar usando el famoso *liquid paper*, en el mejor de los casos, o directamente redactar toda la carta otra vez. *¡Gracias Ctrl + Z por existir!*

Lo cierto es que toda la gente que ya se había capacitado para adquirir las habilidades demandadas en aquel mundo laboral debió volver a capacitarse para aprender

---

15 Sí, por más que flameara la banderita, llegamos a la Luna. 😊

a usar una computadora. Así que probablemente no les hayan caído muy simpáticos Gates ni Jobs.

Para llegar al 2007, nuestro año bisagra, primero tenemos que pasar por el uso masivo de internet como herramienta, y para eso debemos remontarnos al año 2000. ¡Sabemos lo que están pensando! "Internet ya se utilizaba en los años noventa, e incluso sus orígenes se remontan a varias décadas antes". Sí, es verdad, pero su impacto a gran escala se produjo a raíz de un cambio cualitativo en la conectividad, que se dio con el cambio de milenio. El exceso de inversión en la industria de internet, que derivó en una burbuja económica (conocida como *la burbuja de las puntocoms*) hizo que hubiera mucho dinero disponible para invertir en cables de fibra óptica. El estallido de la burbuja bursátil de las *puntocoms* provocó entonces que de un día para otro la conectividad se volviera más rápida y más barata, generando un crecimiento masivo y exponencial de internet y sus usuarios alrededor del mundo. Esto posibilitó toda una serie de cambios que, como ya mencionamos, se produjeron en 2007.

Surfeando la ola

Como podemos ver, las revoluciones industriales tienen algo en común: generan importantes cambios que tienen ganadores y perdedores.

Imaginemos a John, un artesano británico del siglo XVIII, cuya familia se dedicó durante siglos a confeccionar zapatos a medida en un pueblo de las afueras de Londres. La llegada de las fábricas de zapatos y la Primera Revolución Industrial, que benefició a un sector de burgueses industriales, lo perjudicó enormemente. Pasó de ser propietario de un negocio familiar centenario a ver cómo su clientela se reducía cada vez más, ya que podían comprar los zapatos de moda a un precio mucho menor en las nuevas tiendas industriales. Por esto, en los momentos en los que se producen cambios tan profundos de paradigma, los ganadores son aquellos que pueden adaptarse y resignificar su negocio. John tenía tres opciones: 1) continuar como estaba, 2) transformar su negocio artesanal en una ventaja competitiva por calidad con respecto a los zapatos industriales, o 3) ponerse una fábrica. Hoy el nivel del cambio es tal que la primera opción dejó de ser válida. Quedarse estático y seguir haciendo lo que hicimos siempre porque siempre lo hicimos así ya no es una opción.

Cuando éramos pequeños solíamos pasar los veranos en la localidad de Costa del Este, a 350 kilómetros de la ciudad de Buenos Aires. Esta pequeña ciudad del Partido de la Costa nos gustaba especialmente por sus enormes playas que nos permitían jugar, correr y gritar durante horas sin molestar a nadie. O a casi nadie. Una de nuestras actividades favoritas era meternos al mar y barrenar las olas, cosa que podíamos hacer un buen rato perdiendo la noción del tiempo hasta que un acontecimiento de vital importancia, como el paso del churrero o el vendedor de choclos, lo interrumpiera. Cuando estamos en el mar y nos enfrentamos con una ola grande tenemos varias opciones. Una de ellas es pasarla por debajo, esquivarla. Esto puede ser una solución temporal al problema de la ola, y hasta puede ser divertido, pero después de hacerlo un par de veces nos daremos cuenta de que estamos cada vez más adentro del mar –y más lejos del churrero–, y tenemos que seguir esquivando olas. La segunda opción es no hacer nada, quedarse quieto. Todos alguna vez lo hemos experimentado, probablemente por distracción. Cuando una ola grande nos golpea, nos revuelca y salir de abajo del agua se vuelve dificultoso. Aspiramos agua salada por la nariz, nos golpeamos contra el suelo y experimentamos una sensación de desesperación muy incómoda. La última opción, que es la que nosotros recomendamos elegir, es barrenar la ola. Es decir, aprovechar su impulso para nadar en su misma dirección y que ella misma nos ayude a llegar a la orilla. No siempre es fácil, a veces la tomamos en un mal momento o no nadamos lo suficientemente rápido para seguirle el ritmo, pero suele ser lo que más nos acerca a nuestro objetivo.

Con la revolución tecnológica que estamos viviendo, así como con todas las que se dieron antes, sucede exactamente lo mismo. Podemos elegir quedarnos quietos, esquivar la situación, o aprovecharla para lograr nuestro objetivo. Por eso en estas páginas iremos viendo distintas formas de barrenar esta ola que algunos llaman Cuarta Revolución Industrial, pero para eso hay que conocer el mar, las características de las olas y saber nadar.

Mientras tanto, pensemos: ¿qué vamos a elegir? ¿Dejar que la ola nos golpee o surfearla?

La *selfie* fallida

Hasta aquí venimos describiendo lo que tienen en común las revoluciones industriales y los avances tecnológicos de los últimos 250 años. A grandes rasgos, que todos generan importantes cambios en nuestra vida cotidiana a los que nos vemos obligados a adaptarnos, a veces casi sin darnos cuenta. Pero ¿qué tiene entonces de diferente la Cuarta Revolución Industrial con cualquier otro cambio tecnológico importante que se haya dado siglos atrás?

Mucho.

Probablemente los historiadores del próximo siglo no hablen de Cuarta Revolución Industrial. Hoy lo llamamos así porque es lo que más se parece a lo que ya ocurrió, y de alguna forma nos tranquiliza pensar que no es la primera vez que sucede, pero todo indica que estamos camino hacia un fenómeno completamente nuevo, que no se parece en nada a lo anterior y que tendrá un impacto mucho mayor.

Según diferentes cálculos, la Cuarta Revolución Industrial tendrá un impacto tres mil veces mayor que las anteriores, que ya de por si cambiaron enormemente la vida de aquellos que atravesaron esos procesos. Esto afecta los quehaceres cotidianos, las ideas, el estilo de vida o las preferencias políticas. Por eso, tratar de dimensionarlo puede resultar abrumador.

En 2012 hicimos un viaje familiar a Disney para celebrar en su 50 aniversario al niño interior de nuestro padre. Resulta curioso que cuando hicimos ese viaje papá ya tenía 51 años y 4 meses, pero una pierna rota de cierto miembro de la familia que no viene al caso nos obligó a posponer el tan ansiado viaje durante casi dos años. Trapitos al sol aparte, durante esas vacaciones nos subimos hasta el cansancio a todas las montañas rusas habidas y por haber, al punto de que cuando estábamos en tierra firme no sabíamos si el piso se seguía moviendo. Era febrero de 2012. Facebook ya se empezaba a volver dueño de nuestras vidas sociales y las *selfies* ya estaban de moda, a pesar de que la calidad de la cámara frontal de los teléfonos era inferior a las actuales. Si bien las normas del parque de diversiones eran claras al respecto, tuvimos la brillante idea de sacarnos *selfies* desde arriba de la montaña rusa[16]. Podrán imaginarse cómo salieron: borrosas. El mismo panorama de la foto que tomamos es el que enfrentamos ahora en el medio de la Cuarta Revolución Industrial. Es como sacar una foto desde arriba de una montaña rusa en movimiento. Probablemente vaya a salir borrosa, y lo que estaba enfrente nuestro cuando presionamos el botón ahora quedó muy atrás. Cuando publiquemos este libro, seguramente esté sucediendo algo en algún rincón del mundo que estará cambiando algo de lo que estamos escribiendo.

Sin embargo, no todo tiene que ser tan poco nítido, ni mucho menos desesperanzador. Hoy contamos con una ventaja sobre las generaciones anteriores que vivieron estos procesos. Ya leímos en los libros de Historia –o en Wikipedia, más rápido– lo que pasó con la Primera y la Segunda Revolución Industrial, los cambios que implicaron, qué cosas salieron bien y cómo deberíamos prepararnos para lograr que haya la menor cantidad de perdedores posibles.

¡¿Un día sin tecnología?!

Resulta difícil tomar conciencia de lo importante que se volvió para nosotros la tecnología en tan poco tiempo, al punto de que nos es casi imposible imaginar un día entero sin interactuar con ella.

¿Creen que no?

---

16 No intenten esto en casa. O más bien, cuando vayan a una montaña rusa. Como sea, no lo intenten.

Les proponemos el ejercicio "Un día sin celular" para que luego nos cuenten vía Twitter (sí, vía Twitter) y con el hashtag #LaBatallaDelFuturo qué fue lo que más les llamó la atención. ¡O mejor! ¿Cuántas páginas de este libro llegaron a leer de corrido sin tocar el teléfono móvil?

Como se habrán dado cuenta si intentaron –sin éxito– realizar el desafío que les propusimos, nuestros hábitos, nuestras costumbres y nuestra forma de interactuar con todo lo que nos rodea están completamente mediados por la tecnología, en todo momento.

La Cuarta Revolución Industrial es justamente eso: la incorporación de tecnologías que fusionan los mundos físico, digital y biológico a nuestras vidas cotidianas y sistemas productivos. Con la complejidad extra de que este cambio se está dando a gran velocidad y en todos los ámbitos de nuestra vida.

A grandes rasgos, existen tres características diferenciadoras de este periodo con respecto a las revoluciones industriales anteriores: alcance, crecimiento exponencial y potencial democratizador.

El que alguna vez haya viajado solo en los últimos años sabrá perfectamente que el teléfono celular termina convirtiéndose en el mejor aliado para prácticamente todo, a menos que, claro, se le ocurra dejar de funcionar. Más allá de lo engorroso de pedir indicaciones para llegar al hotel sin tener la amable y familiar voz del GPS indicando "en 100 metros gire a la izquierda", probablemente tengamos la reserva del hotel confirmada en un mail que estaba en ese mismo teléfono, al igual que los boletos de autobús para la mañana siguiente, el traductor, la cámara de fotos con todos los recuerdos del viaje, las aplicaciones para reservar más hoteles, el boleto de avión para regresar y básicamente la comunicación con el mundo exterior.

Esto es justamente lo que pasa gracias al enorme alcance que ha logrado la tecnología en tan poco tiempo. Ha venido para solucionarnos la vida en muchos aspectos, pero al mismo tiempo a volvernos enormemente dependientes de ella. Pensemos en nuestra rutina cotidiana de un día normal. Probablemente nos despertemos con la alarma de nuestro teléfono móvil y lo primero que hagamos sea echar un vistazo a lo que sucedió en el mundo mientras dormíamos. Mientras nos duchamos, escuchamos la radio o música desde ese mismo teléfono y chequeamos allí también el clima antes de elegir la ropa que usaremos en el día. Si salimos en coche, utilizaremos el mapa del teléfono para que nos indique la mejor ruta, aunque sepamos cómo llegar a destino. Podemos también utilizar bicicletas que desbloqueamos por una aplicación, o chequear en Twitter si funciona el transporte público. Si tenemos que esperar nuestro transporte, o que llegue la persona con quien tenemos que reunirnos, lo más probable es que entremos a alguna red social a *scrollear* para pasar el rato, o reírnos con los memes que nuestros amigos envían en el grupo de WhatsApp que probablemente tengamos silenciado.

Ahora pensemos en nuestra rutina de hace veinte años[17]. La mayor innovación a la hora de despertarse era un radio reloj digital, pero la mayoría de las personas

---

17 Aquellos que no lo vivimos de esa forma, hagamos un esfuerzo para retrotraernos a este periodo desconocido de la historia en que, si usabas internet en casa, no podías usar el teléfono de línea. (Sí, los teléfonos de línea se usaban).

utilizaba un despertador analógico. Si querían enterarse de las noticias o de cómo estaría el clima, encendían la televisión o la radio y esperaban a que los presentadores del noticiero informaran el pronóstico del tiempo. Si iban a trabajar en coche, la radio era una fiel aliada para avisar sobre cortes de tránsito o qué calles evitar, pero si se dirigían a una dirección desconocida existía un extraño libro que se actualizaba todos los años y contenía mapas con las calles de la ciudad, llamado "Guía T". Para hablar con los amigos o la familia había que llamarlos por teléfono o, en el mejor de los casos, enviarles un correo electrónico que eventualmente verían y responderían sin la presión del famoso "doble tick azul".

Como vemos, estas innovaciones tecnológicas se han vuelto parte de nuestros hábitos cotidianos demasiado rápido. Hoy sería imposible imaginarnos un día sin nuestro *smartphone* a pesar de que hace veinte años ni siquiera lo teníamos. Pero, como si esto fuera poco, la tecnología se ha metido de lleno no solamente en nuestra vida cotidiana, sino en todo lo que nos rodea. Esto nos da pie para hablar de la segunda gran característica de la Cuarta Revolución Industrial: la masividad.

Un cuento chino: la masividad

En los últimos años la relación económica y comercial entre China y diversos países de África Oriental se ha profundizado considerablemente, despertando el interés primero, y la preocupación después, de países como Francia o Estados Unidos. La ecuación es simple: África necesita dinero e inversión en infraestructura y China necesita recursos naturales. Todo encaja perfectamente, y aunque periodistas, intelectuales o especialistas en relaciones internacionales con tendencia a la indignación precoz se hayan cansado de escribir artículos sobre el neocolonialismo chino y las cláusulas secretas en los contratos de inversión, la imagen positiva de China entre la población de esos países no deja de crecer. La razón tampoco es muy compleja: la tecnología barata china ha inundado los mercados africanos, haciendo crecer exponencialmente el consumo de productos como televisores y teléfonos celulares en sectores de la población que hasta hace unos años tenían que ir a la casa de un vecino para mirar fútbol.

Muchos ciudadanos africanos han pasado, por ejemplo, de no tener contacto con ningún tipo de tecnología de computación de escritorio directamente a los teléfonos móviles, y como consecuencia de ello tienen hábitos completamente distintos de utilización de la tecnología. A través de la intermediación tecnológica, los habitantes de este continente han accedido, por ejemplo, a los sistemas financieros de una forma mucho más sencilla y cada vez son más las soluciones tecnológicas que buscan contribuir a desarrollar la economía africana mediante el fomento de la energía solar y el cuidado de los cultivos.

Históricamente, los grandes avances tecnológicos han sido privilegio de unos pocos, al menos en sus inicios. Pensemos en la imprenta, el automóvil, la electricidad o, incluso, el teléfono. Ninguna de estas cosas era usada por la mayoría de la población mundial durante sus primeros años de existencia, ni siquiera por la mayoría de la población de los países más desarrollados de la época.

Tanto la imprenta, como la electricidad y el automóvil, tardaron años hasta volverse masivos y utilizados a gran escala por la población. Usualmente, los sectores con mayores ingresos podían acceder a estos productos a un costo muy alto y la población más vulnerable sólo podía soñar con aquellos lujos. Sin embargo, en la actualidad se estima que en el mundo hay tantos teléfonos móviles como seres humanos, y que más de dos tercios de la población mundial los utiliza.

Pero no nos vayamos tan atrás. Hace tan sólo veinticinco años, como decíamos, eran muy pocas las personas que tenían acceso a un teléfono móvil. Probablemente era algo reservado para los grandes líderes mundiales, los ejecutivos de una empresa y, en el caso de la Argentina, la persona más importante del país, que es el técnico de la selección nacional de fútbol. De hecho, como podemos ver en el gráfico de la siguiente página, el teléfono móvil tardó alrededor de 16 años en alcanzar los 100 millones de usuarios en el mundo. Aunque fue mucho menos tiempo que lo que le llevó al teléfono de línea (¿alguien sigue usando teléfono de línea?), es ocho veces más que lo que le llevó a Instagram volverse igual de masivo.

La tecnología dejó de ser el privilegio de unos pocos para volverse cada vez más masiva, dejando de ser un bien de lujo para convertirse en un bien indispensable. Por eso, hoy ya no hablamos de bienes de lujo sino de bienes que se vuelven imprescindibles. Desde luego, como veremos más adelante, los hábitos de uso de la tecnología entre los distintos sectores socioeconómicos difieren enormemente, pero todos los sectores la utilizan.

Años que tardaron diversas tecnologías en alcanzar los 100 millones de usuarios

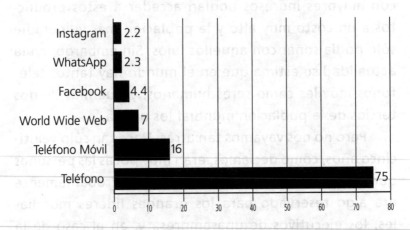

Fuente: *Key Issues for Digital Transformation in G20*

La masividad está completamente atada a un tercer elemento clave que transforma este momento histórico: su potencial democratizador.

Cuando la Argentina venció al FBI

En 1995 los sistemas informáticos del FBI y del Departamento de Defensa de los Estados Unidos fueron puestos en jaque. Alguien había logrado aprovechar una falla de seguridad del sistema para acceder a información confidencial. Podemos imaginar la histeria generalizada que provocó esto en la dirigencia norteamericana. La información es poder, y puesta en las manos equivocadas puede ser muy peligrosa para los intereses de un país, especialmente si se trata de una superpotencia. Es por esto que el espionaje es tan antiguo como la historia misma de la humanidad. El famoso general chino Sun Tzu afirmaba, cinco siglos antes de Cristo, que "los dirigentes que sean capaces de conseguir agentes inteligentes como espías asegurarán grandes logros". Inclusive, dos milenios antes de esto, Sargon I de Acadia, que controlaba extensos territorios en la Mesopotamia –actual Irak– había creado una enorme red de espías utilizando mercaderes y comerciantes que le informaban sobre las civilizaciones que pretendía conquistar.

Pero volvamos a Estados Unidos en 1995. Las dudas sobre quién podría haber vulnerado los sistemas de seguridad de esta gran potencia dejaron sin sueño a los miembros del FBI. ¿Al Qaeda? ¿Los rusos? ¿Los chinos? ¿Quién tenía semejante capacidad como para infiltrarse en lo más profundo de sus secretos? La respuesta los sorprenderá.

El agente especial de la oficina del FBI en San Francisco, Andrew Black, no salía de su asombro cuando descubrió la verdad. El espía en cuestión no era ningún enemigo norteamericano, ni estaba apoyado por grandes equipos financiados por algún grupo terrorista. Ni cerca. Se trataba de Julio Ardita, un *hacker* argentino de 24 años que ni siquiera intentó lucrar con esa información tan valiosa.

Ardita logró acceder a información confidencial de áreas muy sensibles para los Estados Unidos, como tecnología espacial y aérea, desde una sencilla computadora que tenía en su casa, ubicada en la Ciudad de Buenos Aires. Sin financiamiento, sin terceras intenciones, sin un equipo de ingenieros especialistas y sin una agencia de inteligencia.

A esto nos referimos cuando hablamos del potencial democratizador de la tecnología. Específicamente, se trata del empoderamiento de los individuos mediante el uso de estas herramientas, tanto para realizar acciones potencialmente positivas como negativas. Para robar información, pero también para encontrar una solución informática para combatir una discapacidad o crear una empresa que facture miles de dólares al año.

Esto abre la puerta a enormes cambios en la forma de entender el mundo y su estructura productiva, ya que la tecnología no es simplemente un divertimento o algo que ha venido a hacernos la vida más cómoda avisándonos cuándo están listas las tostadas, sino que nos permite ser creadores de nueva tecnología y multiplicar las posibilidades que tenemos al alcance de nuestras manos.

Esto es, al mismo tiempo, causa y consecuencia del crecimiento exponencial que veremos en el próximo capítulo. Cada uno de nosotros, consumidores de tecnología, somos también potenciales creadores, y aunque quizá no tengamos todos los conocimientos para hacerlo, es justamente utilizando tecnología que podemos conseguirlos.

Este potencial democratizador, como decíamos, complejiza mucho las cosas. Pensemos por ejemplo en la figura de los *instagrammers*: comediantes, escritores, agentes de viajes, nutricionistas, médicos, *personal trainers* o periodistas que no necesitan medios de comunicación tradicionales, consultorios, gimnasios o escenarios para interactuar con otros y ganar dinero. Todas esas profesiones desde luego se están reinventando aceleradamente gracias a estos cambios tecnológicos, como exploraremos en el próximo capítulo.

En 1995, desde una simple computadora en su casa, Ardita logró poner en jaque a una superpotencia mundial. ¿Qué vas a hacer vos?

Capítulo 3

<El mundo del futuro (ahora sí)>

La famosa película de ciencia ficción *Blade Runner* (1982) se imaginaba el futuro en el año 2019, mientras que en *Volver al Futuro* (1985), Marty McFly visitó un futuro con taxis y monopatines voladores, videollamadas y correas que pasean perros, supuestamente ubicado en el 21 de octubre de 2015. Quizás le erraron por unos años. Puede pasar.

Más allá de esto, parece bastante claro que vivimos en el futuro, y que cuando hablamos acá de la sociedad del futuro estamos hablando de la sociedad del presente. Pero la tecnología no sólo llegó para hacernos la vida más cómoda y sencilla, sino que está cambiando nuestro sistema productivo, la administración de recursos e incluso la gobernanza, y eso tiene sus connotaciones positivas y negativas según quién y cómo lo mire.

¿Cuántas veces escuchamos a nuestros padres, abuelos, o a nosotros mismos, decir que antes las cosas eran mejores?

"Ahora están todo el día con el telefonito".

"Ya no se puede hablar en persona".

Basta simplemente con levantar la cabeza de la pantalla del teléfono celular durante un viaje en transporte público para darnos cuenta de cómo todos estamos inmersos en el *aparatito* y reflexionar sobre cómo hacía la gente en el pasado para ir desde un punto A hasta un punto B sin *scrollear* en alguna red social. O lo terribles que serían las salas de espera o los encuentros en un ascensor con algún conocido con el que no queremos hablar si no tuviéramos la posibilidad de refugiarnos en la pantalla. Quizás una de las experiencias más traumáticas de nuestra vida moderna sea tener que esperar en una institución bancaria en la Argentina, donde se prohíbe la utilización de *smartphones*.

Todos tenemos ese amigo adicto a las redes que nos pide que no toquemos el plato apenas llega a la mesa para poder sacarle una buena foto, o al que hay que estar repitiéndole "¡Ey! La reunión está acá. Dejá el teléfono un rato". O esas personas que cuando termina una reunión insisten con sacar una *selfie* para las redes.

No se trata simplemente de un juego o una característica más de la vida actual. La tecnología está cambiando nuestros hábitos cotidianos de una forma que resulta difícil dimensionar. ¿Cuántas personas han conseguido su trabajo vía LinkedIn? ¿Cuántas parejas han surgido de una respuesta a una historia de Instagram? ¿Cuántas personas se han vuelto conocidas por un tweet?

Como decíamos en los capítulos anteriores, resulta difícil dimensionar que en ese telefonito que tenemos todo el día en la mano hay mayor capacidad de cómputo que en todas las computadoras que llevaron al hombre a la Luna en 1969, y lo fascinante es que podemos usarlo tanto para subir fotos de comida a las redes como para mejorar la vida de más de 140.000 personas con discapacidad en todo el mundo.

Pero no solamente el *telefonito* nos está cambiando la vida. Para citar algunos ejemplos, los ámbitos de la seguridad ciudadana y la lucha contra el crimen están siendo revolucionados gracias a la aplicación de tecnologías como el reconocimiento facial o el *Big Data*, y la seguridad vial se ve enormemente beneficiada por la instalación de simples sistemas de inteligencia artificial en los vehículos, que permiten prevenir accidentes. En lo que refiere a la salud, en el año 2000 se conoció por primera vez el desarrollo del sistema quirúrgico Da Vinci, que permite operar pacientes mediante brazos robots que corrigen con gran precisión los movimientos humanos mediante inteligencia artificial, permitiendo reducir el margen de error en las intervenciones quirúrgicas.

Nuestro argumento en este capítulo es que la revolución tecnológica que estamos viviendo produce día a día una enorme cantidad de oportunidades que, si no las sabemos utilizar, se volverán en nuestra contra.

Los martillos son malos

¿Cuántas veces hemos escuchado decir que la tecnología es mala y que nos está separando a unos de otros en lugar de conectarnos? ¿O que los videojuegos producen niños violentos y agresivos? ¿O que los niños deberían leer más y pasar menos horas frente a una pantalla?

Del otro lado también podemos escuchar que la tecnología es lo mejor que le pasó a la humanidad, y que los videojuegos, por el contrario, son la educación del futuro, ya que hace que los niños sean buenos, más lindos y no pongan problemas para bañarse. Casualmente, este último tipo de teorías proliferan en los medios de comunicación cada vez que alguien se hace millonario luego de ganar un torneo mundial de algún videojuego.

Ambas ideas tienen algo de razón y algo de verdad, pero se equivocan en algo central: la tecnología no es ni buena ni mala. Es simplemente una herramienta.

Las herramientas no tienen connotaciones morales en sí mismas, sino que eso más bien depende del uso que los seres humanos les damos. No resulta tan claro cuando pensamos en una computadora, pero imaginemos un martillo. Los primeros martillos datan de la Edad de Piedra, es decir, de hace alrededor de 10.000 años y constaban simplemente de una piedra sujetada a un mango de madera con tiras de cuero. En todos estos años no sólo han evolucionado enormemente, sino que han cumplido diversos propósitos y objetivos según quién lo utilice.

Alexander Pichushkin, más conocido como *El asesino del martillo*, nació en Mytishchi, en las afueras de Moscú, en abril de 1974 y, como su apodo bien lo indica, asesinó a más de 60 personas entre 1992 y 2006. Su técnica consistía en acercarse a su víctima, ganarse su confianza e invitarla a tomar vodka. Así, una vez que la persona bajaba sus defensas y se encontraba vulnerable, era atacada por la espalda con un martillo y golpeada hasta la muerte por este nefasto personaje que parece extraído de una mala película de suspenso. Afortunadamente, Pichushkin hoy se encuentra recluido en una prisión polar de Siberia, pagando por sus crímenes. Si, leyó bien. Es Pichushkin quien se encuentra detenido, no su martillo. Y es que, como debe estar usted pensando, a nadie en su sano juicio, ni siquiera al más satírico de los directores de Hollywood intentando parodiar el sistema judicial ruso, se le ocurriría que la culpa de los asesinatos la tiene el martillo, que es simplemente una herramienta muy mal utilizada por los seres humanos. Así como tampoco es el martillo el responsable de la belleza del cuadro que hay en la sala, aunque lo hayamos utilizado para colgarlo.

Bien podemos usar un martillo para clavar un clavo que sostenga un bello cuadro en nuestro salón, o para golpear a nuestro hermano cuando nos usa la ropa sin avisarnos[18]. ¿El martillo es malo si lo usamos para golpear? La respuesta parece obvia, pero si lo trasladamos al ámbito tecnológico, no lo parece tanto. La tecnología, como el martillo, no es buena ni mala en sí misma, sino que depende de cómo la usemos. Eso nos abre la puerta para preguntarnos: ¿cómo usamos esa tecnología? ¿Quién nos enseña a usarla responsable y eficazmente?

Nos educamos en una enorme variedad de temas, pero casi nunca en cómo utilizar este elemento que viene transformando nuestras vidas a gran velocidad.

Un mundo en constante cambio

Cuenta la leyenda que, al noroeste del subcontinente indio (probablemente en territorio de la actual Pakistán), un Brahman ordenó a uno de sus sirvientes, llamado Sisa, que creara un juego para su entretenimiento. Luego de un tiempo, a Sisa se le ocurrió representar en pequeña escala uno de los mayores divertimentos del Brahman: la guerra. La llevó a un tablero de 64 casillas donde, por turnos, dos

---

18 Esto es un ejemplo producto de la imaginación. Cualquier similitud con la relación personal entre los autores es pura coincidencia. O no. Lo importante es que no intenten esto en casa.

reinos planean una estrategia de ataque, creando nada menos que lo que hoy conocemos como ajedrez.

El Brahman, a quien le encantó este nuevo juego, no quiso escatimar en regalos para recompensar a Sisa por su ocurrente invención, por lo que lo llamó para otorgarle a su sirviente lo que deseara. La respuesta de Sisa fue tan modesta como ingeniosa:

> "Brahman, soy un hombre modesto y lo único que
> necesito para mi felicidad es poder alimentar a
> mi familia. Por eso, luego de pensarlo, creo que
> la mejor recompensa que puedo elegir es obtener
> un grano de trigo, por el primer cuadrado, dos
> granos por el segundo, cuatro por el tercero, y
> así sucesivamente multiplicando por dos los
> granos hasta llegar al casillero número 64".

Al Brahman le pareció una respuesta poco inteligente, ya que esperaba que Sisa le pidiera oro o tierras, pero accedió complacido por la modestia de su sirviente. Sin embargo, pronto se daría cuenta de que ni con toda la riqueza de su país podría alcanzar todo el trigo demandado. Veamos por qué:

1, 2, 4, 8, 16, 32, 64, 128, 256, 512, 1.024, 2.048, 4.096, 8.192, 16.384, 32.768……

Hemos llegado recién a un cuarto del tablero y ya hemos superado los 32.000 granos de trigo. Al principio, cuando pasamos del primero al segundo casillero, o del tercero al cuarto, casi no notamos la diferencia. Sin embargo, a medida que vamos avanzando, los cambios son cada vez más impresionantes. De hecho, si quisiéramos hacer la cuenta rápida de cuánto tenía que pagarle el Brahman a Sisa, podríamos tomar una calculadora y hacer 2^{63}. Esta cuenta da algo así como... ¡18,4 trillones de granos de trigo!

Esto no es ni más ni menos que la base de la teoría sobre el crecimiento exponencial, que se ha vuelto una característica básica de la Cuarta Revolución Industrial.

Uno de los primeros en relacionarlo con la tecnología fue el científico y cofundador de Intel, Gordon E. Moore, en 1965. De acuerdo con esta teoría, el número de transistores por unidad de superficie en circuitos integrados se duplicaba cada año y la tendencia continuaría durante las siguientes dos décadas. ¿En criollo? La tecnología estaba creciendo a pasos agigantados, duplicando su complejidad año tras año.

Más allá de que la ley de Moore continúe cumpliéndose o no, lo importante es el concepto de exponencialidad. En los últimos años la tecnología viene creciendo justamente de manera exponencial. Si tuviéramos que graficarlo, la curva nos daría como resultado algo así como un palo de hockey. Todos los años, los congresos de tecnología a nivel global –como el *Consumer Electronic Show*, el *Mobile World Congress*, o los *Summit* de las distintas marcas de productos tecnológicos– no dejan de sorprender con sus innovaciones, afectando seriamente la capacidad de sorpresa de los que asisten frecuentemente.

Tal como inmortalizó Isaac Newton, haciendo referencia a que para desarrollar su teoría se había apoyado en los pensamientos que habían desarrollado previamente otros científicos: "si he logrado ver más lejos, fue porque me subí sobre hombros de gigantes". Con la tecnología pasa exactamente lo mismo. Cada nueva tecnología, de las que hemos visto en el capítulo anterior se apoya en los cimientos de la anterior y multiplica entonces su impacto, haciendo del nuestro un mundo en constante cambio.

Un mundo desordenado

Coronavirus, guerra comercial, carrera tecnológica, protestas y caos social. Por definición, un mundo en constante cambio es un mundo desordenado. La propia palabra caos viene del griego *Chaos*, que literalmente significa *abismo oscuro* y usualmente se usa para definir algo impredecible. Como hemos visto, el constante cambio y la velocidad con la que se produce en el mundo del presente (y del futuro) vuelve a la imprevisibilidad un elemento fundamental de nuestro contexto cotidiano.

Históricamente, el ser humano ha intentado huir del desorden, de lo imprevisible y lo incierto. Cuando no sabemos algo, intentamos darle una respuesta, ya sea inventando una deidad superior que explique el origen del fuego o buscando en Google el final de una serie porque no podemos esperar a ver las cinco temporadas que tenemos por delante. Necesitamos certezas. Quizás sea por esto que los momentos de profundos cambios (tecnológicos y consecuentemente sociales o políticos), son momentos incómodos para muchos seres humanos que buscan, casi como un acto reflejo, evitar que estos cambios se materialicen, como haría nuestro amigo el librero sin visión. Pero en un mundo en constante y veloz transformación, ir en contra de la ola sería una actitud suicida para la mayoría de los mortales. Son muy pocas las personas que pueden darse el lujo de vivir sin *smartphones* y redes sociales, y son aún menos las que en un tiempo no muy lejano podrán vivir sin saber lo que es la Inteligencia Artificial (AI, en inglés) o el Internet de las cosas *(Internet of Things)*. Por eso, los que mejor se adaptarán al mundo del futuro son aquellos que aprendan a beneficiarse del caos.

A río revuelto, ganancia de pescadores. Este refrán anónimo de origen español se encuentra muy difundido en los países hispanohablantes e ilustra una situación que es objetivamente real: cuando las aguas de un río están revueltas, ese es el momento en que mayor cantidad de pesca puede obtenerse. De la misma forma, en las situaciones de caos, confusión y cambios bruscos o acelerados de las que la mayoría de la gente huye, existen aquellos que pueden y saben aprovecharse. Esto es, de hecho, una cualidad que hoy en día no se valora lo suficiente en el mundo laboral y educativo, pero que en los próximos años se volverá, sin lugar a duda, una de las más importantes.

Varias universidades de gran prestigio internacional —donde estudian los que en el futuro se transformarán en tomadores de decisión— han incorporado en los últimos años toda una serie de espacios y actividades para reducir el estrés y proteger a sus estudiantes de situaciones potencialmente conflictivas. La Universidad de Ámsterdam, por ejemplo, permite a sus estudiantes que acaricien cachorros durante la semana de exámenes en sesiones programadas, lo que tendería supuestamente a reducir el nerviosismo propio de aquellos instantes previos a ser evaluado. Por su parte, muchas universidades estadounidenses han desarrollado *"intellectual safe spaces"* o "lugares seguros intelectualmente". Una contradicción en sí misma. En estos espacios, que no necesariamente son espacios físicos, sino que pueden tratarse de todo un campus, las personas tienen la seguridad de no verse vulneradas o afectadas por comentarios, ideas u opiniones con las que no coincidan, o que puedan resultarles ofensivas. Básicamente, proteger a alguien del pensamiento de otra persona con quien no está de acuerdo.

No es propósito de este libro realizar un juicio de valor sobre las acciones de las universidades donde estudian nuestros futuros gobernantes (no seríamos tan ingenuos). Por el contrario, buscamos marcar los riesgos que tiene esto para dar las batallas del futuro. También amamos a los cachorritos, de hecho, tenemos dos (Simón y Paco), que no son precisamente rottweilers. Sin embargo, el caos, la controversia y la incomodidad que viene asociada al cambio permanente son elementos básicos del mundo en el que nos toca vivir. No hay lugares seguros ni cachorros que acariciar cuando la existencia de tu industria se está viendo amenazada por un nuevo invento que hace lo mismo de forma mucho más eficiente, o cuando tu puesto de trabajo va a ser reemplazado por una máquina y te encontrás ante la necesidad de reconvertirte laboralmente. Por eso, quien quiera tomar decisiones acertadas en el mundo del siglo XXI, debe saber cómo beneficiarse del caos.

Segunda idea para resaltar:

Para dar las batallas del futuro, debemos estar preparados para beneficiarnos del caos. O al menos no salir heridos por él.

Asumir riesgos, y enfrentar situaciones incómodas, como veremos más adelante, es parte fundamental de tomar una buena decisión. Nuestra sociedad, en un contexto de lenta despedida de la modernidad, es altamente temerosa de los cambios, reacia a tomar riesgos y, por ende, ajena al caos y la controversia. Lamentablemente, el mundo que se viene no admite la mentalidad ordenada del siglo XX.

SEGUNDA
PARTE

Capítulo 4

<Las batallas del futuro>

A lo largo de las próximas páginas nos propusimos abordar las diversas batallas del futuro. Cada una de ellas podría ser un libro aparte, y al mismo tiempo ninguna puede comprenderse sin las demás. La selección de estas batallas es arbitraria –probablemente hay otras más interesantes o mejores– pero su orden no lo es. Comenzamos por la brecha digital porque entendemos que el individuo es, especialmente en el siglo XXI, el principal agente de cambio social. Si nuestros futuros trabajadores, CEOs, dirigentes, policías, médicos o funcionarios no tienen formación en habilidades digitales y tecnológicas básicas, estaremos en desventaja con respecto a otro país o ciudad. Al mismo tiempo, si creemos que la desigualdad es algo con lo que queremos terminar, o al menos algo que queremos reducir en el mediano/largo plazo, la brecha digital es uno de los muchos aspectos que debemos atacar.

Continuamos por la educación, eminentemente relacionada con la brecha digital, porque –al menos desde nuestra perspectiva– es la prioridad número uno a la hora de pensar en cualquier país en el largo plazo. Seguimos por el empleo y por la economía del conocimiento o de los intangibles, ambos indisociables de la educación.

Luego nos adentraremos en lo que llamamos *La batalla por la representación*, bajo el lema de que, así como estamos viendo que lo político es cada vez más digital, vamos a ver a lo digital como un fenómeno crecientemente político. ¿Cómo serán los parlamentos del futuro? ¿Puede la tecnología resolver los problemas que plantea la crisis de representación? ¿O más bien contribuye a agravarlos? En relación con esto, avanzaremos hacia *La batalla por los datos*, el nuevo *commodity* (o mercancía) del siglo XXI, que está reformulando casi todas las actividades económicas, políticas, y sociales.

Nuestra séptima batalla no es una de este mundo, pero nos atañe con especial interés: no podemos hacer un libro sobre futuro sin pensar en el espacio. Es más: no podemos hacer un libro sobre el futuro de América Latina sin pensar en el espacio. Ya veremos por qué.

Por último, la que quizás sea la batalla más importante de todas: la cultural. Es la más difícil de dar, porque es una batalla contra nosotros mismos, contra nuestras ideas preestablecidas sobre cómo debería funcionar el mundo, contra algunos de nuestros hábitos y costumbres que nos estorban en el camino hacia el futuro y contra la absurda idea de que nuestra región sólo tiene –parafraseando a Jorge Luis Borges– el pasado por delante.

Sin más preámbulos, empecemos a dar batalla.

Más allá de los memes: la batalla contra el utopismo tecnológico

Para el que no lo sabe, un meme es una pieza multimedia compuesta por imagen y texto, generalmente humorística, que se replica en internet hasta alcanzar un amplio grado de difusión. Probablemente alguien que nunca haya visto un meme o interactuado con ellos pensará, al ver uno por primera vez, algo así como que la persona que se lo envió sufre algún tipo de desequilibrio psicosocial... Pero no es así necesariamente. Cada plataforma de comunicación tiene sus propios códigos, usos y costumbres, y por eso mismo no escribimos en Twitter como si hiciéramos un *paper* académico, ni ponemos memes en la prensa escrita (por ahora).

La historia de los memes no está ni muy clara ni muy sistematizada en ningún lado (les dejamos la idea para quien quiera aprovecharla y llenarse de plata), pero se suele decir que los primeros memes que aparecieron en internet fueron gatos: por ejemplo, el famoso *LOLCat*. Unos años más tarde, durante la segunda década del siglo XXI, se pusieron de moda las *internet faces*, como la *trollface*, *forever alone* o *fuckencio*. Los personajes famosos, desde Yao Ming a Julio Iglesias, también son víctimas de memes. De hecho, cualquier persona puede serlo por poner una cara graciosa o decir algo en televisión, o literalmente por cualquier cosa.

Esto es tan así, que hasta uno de nosotros tiene un meme.

La imagen, que se hizo viral, se terminó utilizando como una manera de resolver cualquier problema. Algunos ejemplos de usuarios anónimos a quienes no vamos a darles crédito alguno, porque queremos y porque podemos, serían algo así como:

-Se cayó Google a nivel global.
-Porque no sabe programar.

O también:

-Mamá, ¿por qué no tengo novia?
-Porque no sabés programar.

Y así con cualquier otro "problema" que se les ocurra. Más allá del meme, del que nos reímos, es sumamente importante dejar en claro, antes de comenzar con esta sección, que de ninguna manera creemos que todos los problemas sociales pueden resolverse con tecnología o "sabiendo programar", y aunque para algunos de los lectores pueda parecer hasta innecesario aclararlo, quizás no lo sea tanto. Toda una corriente de pensamiento, a la que llamamos *utopistas tecnológicos*, efectivamente cree que cualquier actividad puede volverse mejor y más eficiente si le aplicamos tecnología, y que eso es algo deseable.

El ensayista búlgaro Evegny Morozov acuñó recientemente el término *solucionismo tecnológico* justamente para referirse a la idea de que todo puede solucionarse mediante la tecnología. Tal es así que incluso hay cosas insólitas que no necesitan "solución" y sin embargo se les intenta agregar tecnología para volverlas más *cool*. Morozov utiliza el ejemplo de un tacho de basura "inteligente", que recopila información sobre absolutamente todos los desechos que salen de una casa y permite compartir la información en las redes sociales. Este tipo de soluciones, que literalmente podríamos llamar "soluciones basura", sólo contribuyen a generar un estereotipo de *nerd utopista* que cree simplificar una realidad compleja para adaptarla hacia su campo de conocimiento. Esta tendencia no pasa solamente con la tecnología, sino con casi cualquier otra disciplina, y para evitarla es importante tener en cuenta la complejidad que atañe a los problemas sociales.

La realidad sociopolítica es compleja. Los fenómenos sociales son multicausales en sí mismos y no admiten soluciones simplistas. Ninguna fórmula mágica llena de algoritmos va a solucionar problemas estructurales de un país, y creemos que tampoco sería deseable que así fuera, ya que en el fondo somos los humanos quienes tenemos que solucionar los problemas que creamos. La tecnología no puede cambiar nada por sí misma sin la voluntad de los humanos. Por eso, antes de comenzar a leer estas páginas, es importante aclarar que ninguna de estas "batallas" es en sí misma un compartimento estanco. Todas ellas se relacionan entre sí, y una no puede librarse sin la otra. Al mismo tiempo, no pretenden ser una fórmula mágica para resolver los problemas estructurales de un país, ni un plan de acción para la política pública, ni nada que se le parezca. No es nuestro rol y tampoco es nuestro interés hacerlo.

Y si no lo entienden de ese modo... probablemente sea porque no saben programar.

La batalla contra la brecha digital

Usualmente, se conoce como brecha digital a la diferencia entre aquellas personas que tienen acceso a internet y las que no. Es cierto que hoy en día no estar conectado a internet limita muchísimo las posibilidades de realizar cualquier actividad, de hecho, cada vez son más los procesos administrativos de cualquier tipo que requieren en alguna de sus partes una consulta en internet, o que se simplificarían considerablemente si se hicieran por esa vía, y ni hablar en contextos donde la presencialidad está limitada por causas de fuerza mayor. Por todo esto, parece casi evidente que sería deseable que todos los seres humanos del planeta pudieran tener acceso a internet. Sin embargo, esta forma de ver las desigualdades tecnológicas resulta, a nuestro juicio, incompleta y simplista.

La tecnología nos ha empoderado de una forma nunca antes vista, y continuará haciéndolo a un ritmo acelerado. Como decíamos anteriormente, el ser humano tiene en su bolsillo e interactúa diariamente con más capacidad de cómputo que la que tenían todas las computadoras que llevaron al hombre a la Luna, aunque la usemos para ver Instagram. Pero ¿realmente todos tenemos acceso a ella? ¿O sólo unos pocos privilegiados? De acuerdo con la Unión Internacional de Comunicaciones (UIT), en 2018 el 49% de la humanidad no utilizaba internet frecuentemente. En el caso de América Latina, casi el 75% de la población sí cuenta con acceso a internet, y en países como la Argentina, Uruguay o Chile los números son de los más altos de la región. Aproximadamente 6 de cada 10 argentinos tiene acceso a una computadora en su hogar, y el 83% de toda la población de nuestro país cuenta con acceso a internet en enero de 2021. Si tenemos en cuenta que medio siglo atrás internet prácticamente no existía, y mucho menos se pensaba para uso comercial y hogareño, la proyección lógica es que más temprano que tarde casi la totalidad de los hogares alrededor del mundo estarán conectados, de alguna forma u otra, a internet. Pero con este tema sucede algo incluso más interesante: según estadísticas oficiales –las mismas utilizadas para medir la penetración de internet– hoy en día, a comienzos de la segunda década del siglo XXI, 4 de cada 10 argentinos se encuentra bajo la línea de pobreza. Estas estadísticas reflejan que una porción considerable de los hogares pobres de nuestro país cuenta con acceso a internet y, en menor medida, a una computadora. Esto demuestra, entre otras cosas, la innegable importancia que le asignamos en nuestra sociedad al *estar conectados*.

Ahora bien, el punto que nos preocupa en este apartado no es exactamente ese, sino entender qué sucede en los hogares que sí tienen acceso a internet.

"Las computadoras no se comen"

América Latina es la región más desigual del planeta. Los índices de pobreza regionales ascienden a 30% y el nivel de violencia es el más alto del mundo. Sí, más alto que en países como Siria o Irak. Frente a este breve pero alarmante panorama, el lector bien podría preguntarse "¿por qué #$@// consideramos relevante hablar sobre la brecha digital?". Ante este diagnóstico, podría parecer que la desigualdad digital es un tema menor, y cualquier opinión en ese sentido es respetable. Sin embargo, no podemos más que disentir con esa idea.

La brecha digital tiene un potente efecto multiplicador de la desigualdad. Esto quiere decir que, durante el siglo XXI, más brecha digital se traducirá en mayor desigualdad de todo tipo, ya que quienes no tengan habilidades digitales básicas tendrán muchas más dificultades para insertarse en el competitivo mundo laboral que se nos viene acercando a toda velocidad. Por esto, de no ser abordada pronto mediante políticas públicas, la brecha digital podría generar no sólo una sociedad más desigual todavía, sino también una falta de oportunidades cada vez más profunda para los jóvenes en situación de vulnerabilidad.

Cuando Domingo Faustino Sarmiento dijo, en el siglo XIX, que para solucionar el problema de la pobreza era necesario una educación mucho mejor, no pretendía que los jóvenes argentinos de la época se alimentaran de libros o lápices. Aunque parezca una obviedad aclararlo, el punto del ex presidente argentino radicaba en que la única forma de solucionar la pobreza estructural que azotaba a un país envuelto en guerras, anarquía y conflictos civiles durante cuatro décadas, era construyendo una ciudadanía educada que pudiera generar oportunidades para sí y para otras personas.

Con la brecha digital ocurre algo muy parecido. Las computadoras no se comen, evidentemente. De hecho, intentarlo podría ser mucho más peligroso para la salud que intentar hacer lo mismo con un libro (por favor, no intenten ninguna de las dos cosas). Pero no estar preparados para el mundo laboral del siglo XXI sólo va a contribuir a profundizar las desigualdades y la pobreza estructural ya existente. La ausencia de formación en habilidades digitales funciona como un elemento que profundiza la desigualdad entre sectores sociales. Dicho de otro modo, existen múltiples elementos que pueden provocar un aumento de la desigualdad: las carencias educativas, alimenticias o habitacionales, por ejemplo. Uno de ellos es la brecha digital, que será cada vez más importante.

El uso de internet no sólo es un valor en sí mismo, sino que como herramienta permite amplificar el goce de derechos como la libertad expresión, la educación y el acceso a la información pública.

En el ámbito laboral, la inteligencia artificial y la robótica están generando un profundo proceso de automatización que ya está transformándolo profundamente y en un doble sentido: destruyendo una enorme cantidad de empleos que son plausibles de ser automatizados y creando, al mismo tiempo, nuevas industrias con trabajos de mayor calidad. Para ponerlo en números concretos, en la Argentina y Uruguay, dos tercios de los empleos corren riesgo de ser automatizados.

¿Cómo combatir la brecha digital?

Las aproximaciones más simplistas a la batalla contra la brecha digital entienden que la forma de resolverla es proveyendo a todos los niños de una computadora. No es nuestra intención meternos en la discusión sobre si los niños que reciben estas computadoras tienen o no acceso a internet, o si las utilizan para educarse o mirar videos en YouTube (que muchas veces es una fuente de aprendizaje, como ya veremos), pero creer que de esta forma vamos reducir la brecha digital es algo así como creer que vamos a reducir el analfabetismo repartiendo libros a los niños. Suena absurdo, ¿no?

El motivo por el cual suena absurdo pensar en la reducción del analfabetismo repartiendo libros, pero no así pensar en el fin de la brecha digital repartiendo computadoras, tiene que ver con que muchas veces no se logra entender correctamente qué es la brecha digital. Así que vamos a empezar por el principio. Existen, a grandes rasgos, cuatro elementos que provocan y constituyen la brecha digital: la accesibilidad (tener o no una computadora con conexión a internet), la asequibilidad (el costo que eso implica y la posibilidad de poder pagarlo), la calidad del servicio de internet y la utilización de las herramientas tecnológicas.

Como se puede observar, cuando hacemos referencia a la brecha digital los elementos que más se suelen citar son los primeros dos: accesibilidad y asequibilidad. Es decir que, básicamente, el objetivo de las políticas públicas es que la mayor cantidad posible de gente tenga acceso a internet de forma barata, o gratuita en algunos casos. Es particularmente ilustrativo el ejemplo de un ex candidato a presidente en la Argentina, que en su campaña de 2011 aseguraba mirando fijo a la cámara: "Mi compromiso, Wi-Fi gratis para toda la Argentina".

Medir la brecha digital en función de estos dos elementos nos permite diferenciar entre aquellos hogares donde los miembros tienen acceso a internet y aquellos en los que no. Ahora bien, ¿qué sucede dentro de los hogares que sí tienen conexión a internet? ¿Todos sus integrantes se encuentran en condiciones de aprovechar las oportunidades que brinda la Cuarta Revolución Industrial? ¿Todos están preparados para el futuro del trabajo? En absoluto. Considerar que el acceso a internet es un indicador suficiente para evaluar la brecha digital sería como medir el analfabetismo en función de la cantidad de personas que tienen libros en su hogar. Por eso, existen otros dos elementos que tenemos que mirar para medirla correctamente y entender sus consecuencias económicas: la calidad del servicio de internet y su utilización. El primero, por supuesto, resulta más fácil de medir y usualmente se hace en función de megabytes por segundo (Mbps) disponibles en la conexión de banda ancha fija. Aquí, si analizamos a América Latina, notaremos que existe todavía una importante diferencia entre los países, pero también con el resto del mundo. Mientras que el promedio latinoamericano es de 6,8 Mbps, el promedio de la OCDE es de 16 Mbps. Es decir que casi triplica el promedio latinoamericano. La calidad del servicio resulta un elemento crucial para encarar una transformación digital que les permita a grandes, medianas y pequeñas empresas, ONGs y organismos públicos aprovechar las ventajas que brinda la Cuarta Revolución Industrial. La mala conexión a internet perjudica las posibilidades de las empresas locales para implementar mejoras tecnológicas que las hagan más productivas y dificulta la llegada de empresas extranjeras que inviertan en el país. En un mundo donde la tendencia apunta cada vez más a trabajar utilizando la nube, sin una conexión a internet de calidad se volvería muy difícil trabajar y aprovechar los programas de inteligencia artificial o *Big Data*, lo cual deja a las industrias latinoamericanas un escalón por debajo en cuanto a capacidad de innovación en comparación con otras regiones que tienen una mayor calidad de internet.

Pero quizás el elemento más importante de todos –y a la vez el más difícil de combatir– tiene que ver con la forma en que se utiliza internet. Utilizar un *smartphone* o una computadora para ver videos en YouTube o postear fotos en Instagram no reduce de ninguna manera la brecha digital, y esto tiene que ver con que existe, según nuestra forma de verlo, un error de concepto en la forma actual de medirla. La conexión a internet no es un bien en sí mismo, sino que estar conectado es más bien una herramienta para acceder a una enorme cantidad de contenidos, información y capacidad de procesamiento. Sin embargo, como toda herramienta, si no sabemos usarla se vuelve inútil. La diferencia entre el simple consumidor de contenido y de ayudas digitales para realizar menos esfuerzo y aquellos que lo utilizan como una herramienta para mejorar sus oportunidades, cualquiera sea el ámbito en el que se desarrollen, es crucial para entender el concepto de brecha digital, y es ahí donde más deberíamos trabajar.

Aprender a programar, por ejemplo, nos permite entender mejor la lógica con la que funciona la tecnología y desarrollar la capacidad de resolución de problemas complejos, la habilidad más requerida para los trabajos del futuro según el Foro Económico Mundial. Además, permite pasar de ser consumidores pasivos a creadores de tecnología.

¿Consumidores o creadores?

En los últimos años, la tecnología se ha vuelto una parte cada vez más importante de nuestro día a día. Muy poca gente podría presumir de no utilizarla en ningún momento del día, sin importar la edad. Los videos de YouTube se han vuelto una herramienta sumamente eficiente para que los más chicos estén entretenidos ▥ –a veces demasiado entretenidos– en las reuniones familiares, y las cadenas de mensajes de WhatsApp o las largas discusiones sobre actualidad en los muros de Facebook tienen el mismo efecto en los más grandes.

El problema no es si utilizamos o no tecnología, sino cómo y para qué lo hacemos. Es muy común escuchar a algunos padres orgullosos porque sus hijos, que todavía están en el jardín de infantes, manejan mejor el teléfono móvil que ellos mismos, llegando a las aplicaciones, los juegos o los videos que les gustan con una velocidad que muchos adultos no logran. (Esperamos que ningún padre se ofenda si les decimos que el hecho de que sus hijos logren hacer eso no tiene mayor mérito que saber utilizar un control remoto. 😉 Es simplemente una cuestión de costumbre y memoria visual que implica sólo un mínimo de esfuerzo cerebral). En estos casos, más que usar tecnología, estamos siendo utilizados por ella.

En este mundo del futuro, que es cada vez más parte del presente, la idea es usar la tecnología para mejorar y hacer más sencilla nuestra vida cotidiana. Esto sería algo así como usar tecnología para crear más tecnología.

Todos estaríamos de acuerdo en que no es lo mismo (en absoluto) mirar la televisión durante todo el día que hacer un anuncio televisivo para promocionar nuestra empresa o difundir información sobre cómo combatir una enfermedad contagiosa. En ambos casos se está usando la televisión, pero de formas completamente distintas.

Esto, que es tan fácil de dimensionar con los televisores, no se aprecia de la misma forma en computadoras y *smartphones*, especialmente porque las posibilidades de interacción que tenemos son mucho mayores. El gran mérito de la Cuarta Revolución Industrial es que nos da la posibilidad de transformarnos de consumidores pasivos a creadores activos con muy bajo costo y esfuerzo.

Cualquiera al que le guste escribir puede armar su propio blog, así como aquellos amantes de la fotografía ya no tienen que recurrir a importantes galerías de arte para mostrar sus trabajos, sino que pueden hacerlo gratuitamente en Instagram, y ambas cosas no tienen por qué ser incompatibles.

La gran brecha del futuro será entre aquellos que usan la tecnología para producir contenido y generar beneficios –para ellos, pero también para otros– y aquellos que son simplemente consumidores pasivos. Estos últimos, en verdad, son usados por la tecnología.

Aprender a programar jugando

Como comentamos, estamos convencidos de que todos los colegios primarios y secundarios del mundo deberían dictar Lógica Computacional y Programación como materias obligatorias, para preparar a los más chicos para la vida laboral del futuro. Sin embargo, hay mucha gente (incluso la que está yendo hoy al colegio) que no sabe programar y nunca vio una línea de código en su vida. Si ese es tu caso, probablemente estés pensando: *Con todo lo que tengo que hacer, ni loco me pongo a ver tutoriales en YouTube sobre cómo aprender a programar. Mucho menos tengo tiempo para anotarme a un curso.*

La buena noticia es que esto no es necesario, al menos si no van a dedicarse a la programación y solamente están buscando poder comprender mejor cómo funciona la tecnología que utilizamos todos los días. Aclaramos que esto no es sólo por mera curiosidad, sino que entender cómo funciona la tecnología nos ayuda a utilizarla mejor y encontrarle nuevos usos que no se nos habían ocurrido, que incluso pueden ayudarnos en nuestro día a día personal o laboral.

Como siempre que aprendemos algo nuevo, lo mejor es hacerlo mediante algo que nos entretenga. Es decir, si en este momento se compran un libro de 800 páginas con un título al estilo de *Fundamentos de la programación. Volumen I*, a los cinco minutos van a estar mirando Netflix, en el mejor de los casos, si no terminan completamente dormidos.

Entonces, ¿cómo empezar? *Jugando.*

En 2012, el emprendedor iraní **Hadi Partovi** notó, con gran preocupación, que el 90% de las escuelas en Estados Unidos no enseñaba informática o programación. Fue entonces cuando decidió fundar **Code.org**, una organización sin fines de lucro que busca concientizar acerca de la importancia de que todos aprendamos al menos los lineamientos básicos de la programación, con su proyecto estrella: *La hora del código*, un juego que utiliza programación visual para que niños que aún cursan la educación primaria puedan incorporar la lógica y algunos elementos básicos de la programación.

Herramientas como **Scratch** y **Blocky** están justamente orientadas a niños y jóvenes y tienen la finalidad de introducir a la programación y demostrar que es algo accesible para todo el mundo. Como veremos, *no hace falta ser un genio para aprender a programar.*

Te invitamos a sumarte a La hora del código[19]**. Vos también podés aprender a programar... jugando.**

---

19 Pueden hacerlo ingresando a: https://hourofcode.com/es

La batalla por la educación

Uno de los clichés más repetidos a la hora de hablar del futuro y la tecnología tiene que ver con que las computadoras nos van a reemplazar. En el universo de las distopías digitales, los humanos vamos a ser superados por nuestra propia creación y eso nos condenará a nuestra inevitable destrucción. Una encuesta realizada en 2017 a más de 350 especialistas en inteligencia artificial concluyó que lo más probable es que las máquinas terminen de reemplazar a los seres humanos para el año 2140.

Ese es el problema de intentar comprender el todo por las partes. O, dicho más claramente, de poner a especialistas en inteligencia artificial a hablar sobre empleo. Una máquina podrá hacer cálculos con mucha mayor rapidez y precisión que nosotros, podrá también apilar cajas o encastrar piezas a mayor velocidad, o incluso encontrar la mejor ruta logística para desplazar un producto con mayor eficiencia, pero hay muchas otras tareas que sólo los humanos podemos hacer. Si ponemos el foco en las habilidades consideradas por el Foro Económico Mundial como *las habilidades del futuro*, veremos que las principales son la creatividad, la innovación, la empatía, el pensamiento crítico, la resolución de problemas complejos y la inteligencia social. No sólo creamos las computadoras que hoy supuestamente amenazan con reemplazarnos, sino que también coordinamos los equipos que las hicieron y nos hicimos las preguntas indicadas que hicieron posible que la tecnología se desarrollara.

Por todo esto, estamos convencidos de que los humanos no seremos reemplazados por la tecnología sino todo lo contrario: nos dedicaremos a hacer actividades mucho más "humanas" y menos mecánicas. Pero cuidado:

los humanos que no sepan usar la tecnología serán reemplazados por otros que sí sepan hacerlo, y ese es el gran riesgo para el empleo en el siglo XXI.

Sobre trabajo del futuro ya hablaremos más adelante, pero primero lo primero, ¿dónde obtendremos estas famosas "habilidades del futuro"? ¿Quién nos preparará para el mundo laboral que se viene?

La educación obsoleta

El sociólogo y profesor universitario Manuel Castells afirma que la educación que estamos recibiendo en la mayoría de los establecimientos educativos no sólo no es adecuada para el siglo XXI, sino que es casi completamente obsoleta. Esto cuenta tanto para la educación primaria como para la secundaria y la universitaria.

Probablemente esta afirmación incomode u ofenda a muchos de aquellos que forman parte del sistema educativo, en cualquiera de sus partes, desde docentes hasta aquellos que ocupan cargos de gestión, e incluso a alumnos. Por eso resulta importante aclarar que quienes suscribimos esta afirmación somos docentes y dirigimos distintos espacios de formación en la educación universitaria y secundaria, y que además hemos sido alumnos (y en algunos casos víctimas) del sistema hasta en instancias de posgrado, pasando por todos los escalones, no solamente en la Argentina sino en seis países más (España, Francia, Estados Unidos, Nueva Zelanda, Escocia y Chile).

Pero si la palabra "obsoleto" sigue incomodando, recurramos a la definición que da el Diccionario de la Real Academia Española.

OBSOLETO. adj. Anticuado o inadecuado a las circunstancias, modas o necesidades actuales.
Un sistema de enseñanza obsoleto.

No. No lo hicimos a propósito. Literalmente el ejemplo que pone el diccionario de la RAE para ilustrar lo que significa el adjetivo "obsoleto" es un "sistema de enseñanza". Continuemos. Algo es obsoleto cuando se vuelve inadecuado para las circunstancias o necesidades de un determinado momento. Entonces, vale la pena preguntarnos: ¿es adecuada la forma en que nos educamos hoy para las necesidades del siglo XXI? Pueden imaginarse cuál será nuestra opinión al respecto.

La forma que han tenido la mayoría de las instituciones educativas en Latinoamérica para lidiar con los cambios tecnológicos hacia adentro del aula han sido principalmente dos: permitirles a los alumnos que utilicen computadoras personales en algunos casos (pero llamativamente continuar prohibiendo el uso de *smartphones*, como si los alumnos no pudieran estar en WhatsApp Web, Instagram, Twitter o YouTube desde sus *laptops*), y por otro lado incorporar proyectores y pantallas inteligentes, algo de lo que ya hablaremos con más detenimiento.

Pero el desafío no pasa sólo por adoptar tecnología, sino por desarrollar las capacidades necesarias para poder construirla. Como veremos más adelante, el trabajo cambiará rotundamente más temprano que tarde. De manera irrefutable, la tecnología se adoptará en todos los ámbitos, aunque algunos quieran oponerse, generalmente por miedo al cambio. Si esto será así, resultaría imprescindible que nuestras futuras (y más bien las actuales) generaciones tengan las capacidades necesarias para manejar y construir tecnología.

¿Y adivinen quién es el gran designado para asumir el desafío de formar a las futuras generaciones? Pista: un lugar gris, donde nos obligan a pasar la mayor parte del tiempo, donde muchas veces la mayor innovación tecnológica presente es un proyector y una computadora con Windows XP, donde nos obligan a usar uniforme y nos prohíben usar el teléfono celular mientras una persona nos cuenta con un tono de voz monótono a las 8 de la mañana por qué cayó el Imperio romano. Una mezcla, arquitectónicamente hablando (y no solamente) entre una cárcel y una fábrica del siglo XIX. Con ustedes... ¡el sistema educativo! *(Sonido de grillos).*

Algún día todos los lectores que aún no lo hayan hecho tendrán que enfrentarse a la más terrible de las preguntas. Es peor incluso que cuando nos preguntamos si cerramos la puerta de entrada con llave mientras ya estamos viajando al trabajo. Mucho peor incluso que la famosa "¿cuándo vas a traer un/a novio/a a casa?" de aquellas tías inoportunas durante la cena navideña. La pregunta a la que nos referimos es: *Y vos... ¿Qué sabés hacer?* Luego de balbucear y abrir los ojos como dos platos, damos una respuesta improvisada intercalando una cantidad infinita de "eeeeh...". Y si tenemos la suerte de saber que nos lo van a preguntar, ensayamos una respuesta, en especial quienes se dedican a carreras humanísticas, que seguramente hayan tenido que tolerar frases como: *¿Y para qué sirve lo que estudiás?* o *En una entrevista laboral no te van a preguntar qué decía Aristóteles.*

Esto tiene que ver con una sencilla razón: la educación a la que estamos acostumbrados, y especialmente la educación universitaria, no se orienta al *hacer*, sino al aprender e incorporar conocimientos. Por esto, es completamente normal que cuando nos preguntan en una entrevista laboral qué sabemos hacer, la primera respuesta que se nos ocurre sea *nada* o quizás la más acertada sea *incorporar conocimientos*. Esto entra en conflicto con un mundo laboral que, como veíamos en el apartado anterior, está cambiando y demanda cada vez más ciertas habilidades o capacidades de "hacer" determinadas cosas.

Lo que la naturaleza no da, Salamanca menos

La frase original, que a muchos seguramente nos suena conocida, fue inmortalizada en *Don Quijote de La Mancha* hace más de cuatrocientos años. Esta universidad, ubicada en la comunidad autónoma española de Castilla y León, donde estudió el propio Miguel de Cervantes, es de las más antiguas del mundo y se encuentra enraizada en una ciudad que es también patrimonio de la humanidad, por ser una de las cunas de la educación universitaria europea.

Si alguno de los lectores ha tenido el placer de visitar esta ciudad, luego de disfrutar de unas tapas[20] es casi una obligación ingresar al antiguo edificio central, ubicado en el Patio de Escuelas Mayores y decorado con una orgullosa fachada, famosa por esconder una rana que trae suerte a quienes la encuentran[21]. Si encontramos la rana y decidimos ingresar al edificio histórico, podemos

---

20 Se recomienda fervientemente el bar *Guevara* ubicado en la calle Libreros. No. No nos están pagando por promocionarlo, como se pueden imaginar. Esto es solamente un acto de justicia gastronómica.

21 Si llegan a ir, la rana se encuentra posada sobre una calavera del lado derecho, en la segunda línea horizontal empezando desde abajo. Una pequeña ayudita no es perjudicial para la suerte.

dirigirnos al aula Fray Luis de León, que data del siglo XV, es decir que probablemente Miguel de Cervantes haya caminado por allí.

Muchas cosas cambiaron en quinientos años, pero el aula Fray Luis de León parece detenida en el tiempo, con una disposición casi idéntica a cualquier aula magna de un colegio o universidad a las que asistimos en el siglo XXI. Pero ¿cómo puede ser que tan poco haya cambiado en estos años? Desde un púlpito elevado, el docente imparte la lección a los alumnos que se sientan en filas y escuchan atentamente. La disposición de los alumnos es prácticamente idéntica a la de los fieles en una iglesia, que escuchan pasivos el sermón del docente-sacerdote. Allí, la comunicación es unidireccional, no importan el juicio crítico ni los intereses del alumno, que simplemente participa pasivamente para aprender de aquel que tiene el verdadero conocimiento: el profesor.

Esto podría haber funcionado muy bien en el siglo XV, e incluso en el XVII, pero en la actualidad es completamente anacrónico. El modelo de enseñanza en la mayor parte de las escuelas y universidades es obsoleto. Hoy en día, los jóvenes que asisten al colegio o la universidad ya no necesitan un docente-sacerdote que les dé lección para contarles lo que sucede o sucedió en el mundo y no lo necesitan por una sencilla razón: los alumnos tienen acceso a más información que los docentes, en tiempo real y desde el propio salón de clases.

Este sistema educativo, tan parecido por momentos al del siglo XVI, no crea profesionales preparados con las habilidades laborales requeridas en el siglo XXI, muy por el contrario, las retrae. La proactividad, la creatividad y el pensamiento crítico no son valores que se buscan en el aula, sino que más bien se prefieren la pasividad, la atención y el no cuestionamiento de la lección que brinda el profesor.

¿Esto quiere decir que vamos a dejar nuestra educación librada a Wikipedia? ¡De ninguna manera! Los docentes no serán reemplazados por las computadoras, pero aquellos que no incorporen la tecnología y comprendan que el mundo está cambiando aceleradamente es probable que sí sean reemplazados por otros que lo hagan.

Como comentábamos, las habilidades que se requieren para formar parte del mundo laboral del siglo XXI son pensamiento crítico, curiosidad, iniciativa, comunicación y trabajo colaborativo multidisciplinario, entre otras. ¿Qué clase de pensamiento crítico desarrolla una persona que es evaluada por repetir contenido ante un tribunal examinador?

Por otro lado, alrededor del 80% de la información que hay en el planeta puede encontrarse libremente en internet y los alumnos tienen acceso en tiempo real a ella, incluso durante las clases. Por eso, no necesitamos que un docente nos transmita esa información, sino que nos transmita criterios para buscarla, analizarla de forma crítica y (lo más importante), aplicarla en los proyectos que a los propios alumnos les interesen. Esto permite empoderar intelectualmente a los alumnos para que dejen de ser oyentes sumisos y puedan involucrarse de otra forma en el proceso educativo: dispuestos a saber más que los profesores sobre los temas que les apasionan. Alvin Toffler, doctor en Letras, Leyes y Ciencia, y autor de numerosos libros, lo expresa de la siguiente forma en *La tercera ola*[22]:

22 Toffler, Alvin. *La Tercera Ola*. Editorial Bantam Books. 1979.

Un analfabeto será aquel que no sepa dónde
ir a buscar la información que requiere en un
momento dado para resolver una problemática
concreta. La persona formada no lo será a base
de conocimientos inamovibles que posea en su
mente, sino en función de sus capacidades para
conocer lo que precise en cada momento.

Hoy en día, los docentes tienen el enorme desafío de compartir las horas de clase con alumnos que tienen al alcance de su mano en cualquier *smartphone* una infinidad de contenidos que probablemente les interesen más que su clase.

Llevar el siglo XXI a las aulas no es dotarlas de un proyector, una computadora y hacer una presentación de PowerPoint con el mismo contenido que se hubiera escrito en el pizarrón. De hecho, eso es más bien perjudicial para la experiencia de aprendizaje. Por el contrario, adaptar la educación a las necesidades actuales significa también captar la atención del alumno con los temas que efectivamente le interesan, empoderarlo intelectualmente y darle herramientas para que pueda desarrollar su análisis crítaico. Y por parte del alumno, por supuesto, dejar el modelo pasivo e involucrarse mucho más de lleno en el proceso educativo, del que ahora es parte fundamental.

¡Sí a la Filosofía!

Este libro está escrito por un politólogo y un especialista en sistemas. No, no es el inicio de un chiste malo, aunque bien podría serlo. El punto es que, si no hubiéramos sido hermanos, quizás nunca se nos hubiera ocurrido hacer un libro juntos.

—¿Para qué estudiás eso, que no te va a servir de nada?
—Por lo menos estudio y no me la
paso en la computadora.

Estos son algunos ejemplos, muy edulcorados, de las amables conversaciones en la sobremesa familiar hace unos años. ¿Habrá alguna cosa más desagradable que la pedantería del estudiante universitario que cree que su campo de estudio es el único importante?

En el mundo de las humanidades, existe una creencia bastante *snob* de que "los ingenieros" son bastante incultos, tienen un pensamiento cuadrado y no estudian las cosas verdaderamente importantes. En el mundo de los ingenieros, existe una creencia bastante *snob* de que "los filósofos" hablan sobre cosas sin sentido, nunca van a tener trabajo y no estudian cosas verdaderamente importantes. Y, como son pocas las veces que tienen intercambios sinceros entre sí, ambos van por la vida creyendo que su disciplina es la única que vale la pena ser estudiada.

A lo largo de todo el libro fuimos describiendo la importancia de tener conocimientos técnicos más profundos sobre las tecnologías que hacen a la Cuarta Revolución Industrial, que está transformando por completo el mundo en el que vivimos. Por eso, en estas páginas sobre la batalla por la educación, nos parece importante también profundizar un poco en el rol de las humanidades en el *mundo tech*.

Las humanidades son sumamente importantes a la hora de prepararnos para ser más flexibles y para ayudarnos a desarrollar capacidades de adaptación a un mundo en permanente transformación. Exponernos a nuevas disciplinas, culturas y sistemas de creencias es clave para trabajar la agilidad intelectual, la curiosidad y la creatividad, que son sumamente necesarias, por ejemplo, para desarrollar algoritmos de *machine learning* o inteligencia artificial.

Por todo esto, muchas de las empresas de Silicon Valley contratan a una buena parte de su personal con poco conocimiento tecnológico, y muchas veces sin experiencia previa en la industria. De hecho, en una encuesta realizada por *Liberal Education* en 2013, el 74% de los empleadores encuestados respondió que la educación en humanidades era la mejor forma de prepararse para el éxito en la economía global actual. ¿Todavía no lo creen? Bueno, vamos a repasar algunos casos interesantes.

Zach Sims, un estudiante de Ciencias Políticas de la Universidad de Columbia, cofundó **Codeacademy**. El fundador de **LinkedIn**, Reid Hoffman, tiene un master en Filosofía de Oxford, al igual que Peter Thiel, uno de los fundadores de **Paypal**. Ben Silberman, que fundó **Pinterest**, estudió Ciencias Políticas en la Universidad de Yale, como Steve Laughlin de **RelateIQ**, que fue comprada por 390 millones de dólares por **Salesforce**, cofundada por Parker Harris, que estudió literatura inglesa. Lo mismo que Jack Ma, el fundador de **Alibaba**. Susan Wojcicki, directora ejecutiva de **YouTube**, estudió historia y literatura en la Universidad de Harvard, al igual que Pierpaolo Barbieri, el fundador de **Ualá**.

Por último, Stewart Butterfield, fundador de **Flickr** y **Slack**, habló en una entrevista realizada por la revista Forbes en 2015 sobre la importancia de la filosofía: "Aprendí a escribir con mucha más claridad. Aprendí cómo mantenerme firme a lo largo de un debate, algo incalculable para ciertas reuniones de negocios. Y, cuando estudié la historia de la ciencia, comprendí la forma en la que las personas creen que algo es verdad, hasta que se dan cuenta de que no es cierto". Ah, claro, nos olvidábamos: Butterfield tiene un grado en filosofía por la Universidad de Victoria y una maestría en filosofía de la Universidad de Cambridge.

No queremos transformar esto en una reproducción de las discusiones que teníamos en algún momento en el living de casa sobre si era mejor la educación en humanidades o en sistemas. Principalmente porque, sin los almohadones volando, carecen de tanta gracia. Por el contrario, después de unos años de chicanas y discusiones sin escucharnos demasiado, entendimos la importancia de acercar estos dos mundos, aparentemente tan distintos entre sí. Creemos que la correcta complementación entre el conocimiento técnico y la formación en humanidades es fundamental para el mundo que se viene.

¡Sí a los videojuegos!

Suele tenerse la equivocada idea de que los videojuegos solamente consisten en disparar, robar coches, pasar niveles y cumplir misiones. Así como se dice esto, también se dice que fomentan la violencia, especialmente en los más chicos, pero esta no es la visión que nosotros tenemos sobre los videojuegos... más bien, todo lo contrario. En realidad, creemos que se puede aprender mucho de ellos.

En primer lugar, representan una forma de enseñanza altamente eficiente, mediante la cual el alumno aprende sin darse cuenta. Así, por ejemplo, la saga de *Assassin's Creed* se ambienta en distintos periodos históricos, desde el Antiguo Egipto, pasando por Roma, la Florencia renacentista e incluso el Londres de la Revolución Industrial, permitiendo aprender la historia de personajes de dichas épocas, como Leonardo Da Vinci. Todo el que haya jugado al *Age of Empires* en modo campaña probablemente recuerde eventos históricos de la Edad Media, como la participación de Juana de Arco en la Guerra de los 100 años o la historia del caballero escocés William Wallace[23]. Lo mismo sucede con el *Age of Mythology*[24] y los personajes de la mitología griega y sus historias, y jugando al *Call of Duty* podemos aprender sobre la perspectiva norteamericana de lo que fue la Segunda Guerra Mundial, sólo por nombrar algunos juegos. Esto de ninguna manera significa terminar con las clases y los libros de historia, pero ¿por qué no complementarlas? ¿Es imposible imaginar un futuro donde la tarea para el hogar de los alumnos de historia sea jugar a un juego similar al *Call of Duty*?

Esto no es algo para nada utópico ni alejado de la realidad. Ya vimos el ejemplo de *La hora del código*. Esperamos que lo hayan probado, como lo hicieron millones de jóvenes y no tan jóvenes, entre ellos, Obama y Shakira.

En segundo lugar, los videojuegos ayudan a desarrollar toda una serie de habilidades que ejercitan el cerebro y nos preparan incluso para el mundo laboral, como la planificación de estrategias y la estimulación de nuestros reflejos. Según un estudio que realizó en 2013 la *Radboud University Nijmegen*, de los Países Bajos, los videojuegos podrían incluso favorecer funciones cerebrales tales como la ubicación espacial, el razonamiento, la memoria y la percepción sensorial.

---

23 O que introduciendo HOWDOYOUTURNTHISON en el chat, invocan un auto inmortal que gana la partida... En fin.

24 Aunque, en la opinión profesional de uno de los autores de este manuscrito, este último es muchísimo mejor. Listo, lo dije.

Los que se conocen como juegos de rol nos ponen constantemente en la situación de resolver problemas, lo que estimula nuestra creatividad, una de las habilidades necesarias para el trabajo del siglo XXI según el *World Economic Forum*, nada menos. Además, si estos juegos son online, resultan extremadamente sociales y permiten forjar amistades que pueden durar toda la vida, y eso lo decimos por experiencia propia.

Así, para muchos millennial y centennial, los videojuegos se han transformado en un mecanismo de socialización: ayudan a forjar amistades fuera del ámbito educativo tradicional. "Los amigos de la PC" son los nuevos "amigos del barrio", que en las grandes ciudades van desapareciendo por la obvia razón de que cada vez hay más edificios y las relaciones con los vecinos son menos frecuentes que hace cuarenta años.

Como en todos los ámbitos de la vida, los excesos son malos. Jugar dieciocho horas por día a los videojuegos y pasarse un verano encerrado en una habitación desde luego que tiene un montón de consecuencias negativas[25]. Aclararlo es casi una obviedad. Pero eso no quiere decir que los videojuegos en sí sean algo malo, ni que esto nos impida destacar sus ventajas. Como ya dijimos con otros tipos de tecnología... todo depende de cómo los usemos.

Los deportes del futuro

Hay una vieja (y también muy falsa) idea de que los deportistas y los nerds informáticos no se llevan bien. Los

---

25   Eso también va por experiencia propia.

estereotipos nunca son buenos para describir la realidad, pero, en este caso, gracias a los cambios tecnológicos de los últimos años podemos decir que sucede todo lo contrario. En muchos casos, los nerds informáticos son deportistas... y de los mejores.

Los llamados *e-sports* se volvieron mundialmente famosos en los últimos años por las cifras millonarias que mueven. Consisten en competiciones de videojuegos como *Fortnite*, *Dota2*, *League of Legends* o el *FIFA*, entre otros. Estas actividades, que comenzaron siendo un pasatiempo de muchos jóvenes, hoy son fenómenos culturales masivos que generan ingresos de millones de dólares. En la Argentina lo hemos visto muy claro con el caso de Thiago "K1NG" Lapp, que obtuvo el increíble premio de 900.000 dólares al ubicarse entre los primeros puestos del torneo mundial de *Fortnite* en 2019.

Para dimensionar la importancia del fenómeno, hay que tener en cuenta que alrededor de cuarenta millones de personas por año miran la final del torneo de *League of Legends*, lo que ha llevado a que la disciplina se vuelva oficial en los Juegos Asiáticos a celebrarse en China en 2022. Hay que decir también que, mientras escribimos estas líneas, el Comité Olímpico Internacional está decidiendo si incorporarla o no en los juegos de París 2024.

Pero los *e-sports* no son los únicos nuevos deportes que están revolucionando el entretenimiento mediante la tecnología, ya que el universo de los deportes del futuro los excede. Debemos tener en cuenta los deportes que consisten en construir robots, en los que los seres humanos juegan un rol fundamental en su diseño y programación. Tal vez cuando lean esto recuerdan los *Battlebots*, esos robots que salen en la televisión de los EE.UU. tirándose fuego y cortándose a la mitad con sierras eléctricas... pero no hablamos exclusivamente de eso.

Como comentamos en la introducción, yo, Mateo, soy competidor de robótica hace cinco años... pero no de *Battlebots*, sino de Sumo de Robots. Como el clásico y milenario deporte japonés, pero con robots que se controlan solos y, a través de algoritmos, buscan a su contrincante para intentar empujarlo del *tatami*[26]. Quien toca primero el suelo, pierde. Aunque esto parezca un delirio muy grande (y en parte lo es), Japón lo considera un deporte y en la Argentina tenemos nuestra Liga Nacional de Robótica.

Si tomamos el ejemplo de las Escuelas ORT, en Buenos Aires, el club de robótica ha ganado el doble de competencias para la escuela que los deportes tradicionales, por lo cual sería justo decir que los deportistas del colegio son los alumnos de informática y electrónica.

Pero la tecnología también ha generado un gran impacto en los deportes tradicionales, y no solamente con incorporaciones como el VAR en el fútbol o el *Ojo de halcón* en el tenis, sino más bien en la forma en que los equipos y los deportistas individuales se preparan para las competencias. Esto se encuentra perfectamente retratado en la película *Moneyball* (2011), o *El Juego de la Fortuna*, en Hispanoamérica, dirigida por Bennet Miller y protagonizada por Brad Pitt. *Moneyball* cuenta la historia verídica de Billy Beane (Brad Pitt), el gerente general del equipo de béisbol *Oakland Athletics*. Beane, con ayuda del joven economista Peter Brand, decide comenzar a tomar decisiones basándose en estadísticas mucho más precarias que las que podemos obtener hoy en día mediante los métodos sofisticados de análisis de información. Así,

---

26 Círculo de madera de 1,70 metros de diámetro que sirve de ring para el Sumo.

(¡SPOILER ALERT!), Billy Beane eligió para la temporada un equipo de jugadores infravalorados que terminaría ganando veinte partidos seguidos y, por ende, también la Liga de la Conferencia Oeste en Estados Unidos.

El Real Madrid de España es uno de los clubes que primero ha incorporado la tecnología a su entrenamiento cotidiano. Más precisamente, el *Merengue* utiliza *Big Data* para procesar una enorme cantidad de información que se recopila de los jugadores del primer equipo durante los entrenamientos, haciendo uso de censores. Estos datos sobre movimiento, velocidad, esfuerzo y fatiga, entre otros, son analizados y puestos a disposición del cuerpo técnico para que pueda tomar decisiones a partir de información mucho más precisa. Es que, según diversas estadísticas, durante un partido de fútbol pueden producirse más de ocho millones de datos, de los cuales el ojo humano sólo puede identificar un 30%. Imaginen la posibilidad, como entrenadores, de poder ver en tiempo real cuál de sus jugadores está más cansado, o cuál se encuentra al límite de su resistencia física. Parece ciencia ficción, pero no lo es. Esto no es más que otro de los ejemplos sobre cómo la tecnología puede ayudarnos a amplificar nuestras capacidades y a tomar mejores decisiones, al punto de que incluso el deportista que se burlaba de los nerds informáticos ahora los necesita.

Robótica educativa: un ejemplo práctico

Para salir del ámbito meramente teórico y encontrar una aplicación práctica y posible sobre cómo podría cambiar la educación, tomemos el ejemplo (sí, otra vez) de la robótica deportiva o sumo de robots, –en nuestra opinión– la mejor y más eficiente herramienta tecnológica educativa del mundo.

Como contábamos anteriormente, en los clubes escolares de robótica, chicos y chicas desde los seis años fabrican robots que luego competirán en ligas nacionales en busca de trofeos y premios. Incluso desde el jardín de infantes pueden realizarse ejercicios más simples que enseñen pensamiento sistémico, como base fundamental para aprender a programar en el futuro. Algo así como aprender a realizar trazos con un lápiz para luego poder escribir.

Volvamos a las competencias de robótica. Durante las semanas previas a ellas, los alumnos pasan su tiempo trabajando en los laboratorios fabricando plaquetas, soldando, agujereando, diseñando e imprimiendo en 3D, haciendo cálculos, trabajando en equipo, tomando decisiones clave y pensando estrategias de juego. Todo esto sin que nadie lo pida, ni los obligue, ni les ponga una nota por hacerlo: simplemente por diversión.

Imagínense ahora tener cursos de robótica deportiva en cada escuela, de forma obligatoria. Mediante estos cursos que impulsan a aprender jugando, los jóvenes alumnos que conformarán la fuerza laboral del país en el futuro no sólo podrán aprender física, matemática, impresión 3D y desarrollo de *software* y *hardware*, sino que también incorporarán habilidades blandas como trabajar en equipo, tomar decisiones en situaciones de presión, pensar de forma sistémica y estratégica, y mucho más. Y, por si fuera poco, también a divertirse. Es importante cambiar la mentalidad en este sentido, para que los alumnos comprendan que el objetivo final de todo ese esfuerzo no es –solamente– una buena nota en la libreta, sino también, en este caso, un trofeo. Eso permite generar una motivación extra, algo que la mayoría de los alumnos del colegio secundario no tiene.

A través de algo tan simple como un "juego", los jóvenes alumnos se convierten en personas más capacitadas, preparadas y, fundamentalmente, listas para salir a comerse la cancha en el mundo laboral, tan sólo con 17 años.

Este ejemplo nos convence cada vez más de lo que venimos diciendo: el sistema educativo, de a poco, deberá virar hacia este tipo de enfoques, priorizando la formación práctica e indefectiblemente humana. No se trata solamente de incorporar nuevos contenidos a la currícula, sino de revolucionar la forma en que esos contenidos se transmiten. Este es quizás uno de los más grandes desafíos a los que nos enfrenta la Cuarta Revolución Industrial.

¿Se imaginan todo lo que podría lograr una generación de jóvenes en la que todos hayan experimentado algo así en su vida escolar?

La batalla por el empleo

El trabajo del futuro

El impacto que la Primera y la Segunda Revolución Industrial tuvieron en el mundo del trabajo y en el esquema de crecimiento y desarrollo de los países es innegable, y ya se encuentra escrito en los libros de Historia. Sabemos que tuvo consecuencias sociales, políticas y económicas, que damos por asumidas: el surgimiento de las grandes revoluciones sociales, la política de masas, la sociedad consumista y gran parte de lo que hoy vemos en nuestro día a día sobre cómo funciona el mundo fue moldeándose a partir de las primeras dos revoluciones industriales.

Lo que sucede hoy es comparable, pero al mismo tiempo muy distinto, ya que vivimos inmersos en una revolución que triplica el impacto de las anteriores. Nuestras sociedades han cambiado más desde el final de la Segunda Guerra Mundial hasta hoy, que en los miles de años previos de evolución. Este enorme impacto se debe principalmente a la relación que se produce entre tres elementos: automatización, globalización e innovación.

La automatización no es algo nuevo. *Tiempos Modernos*, dirigida y protagonizada por Charles Chaplin en 1936, cuenta satíricamente la historia de un obrero industrial que es parte de una especie de experimento de automatización de su propio trabajo en una cadena de montaje. Esta película resulta un buen ejemplo a pesar de que, vistas desde la perspectiva actual, las máquinas utilizadas en la película son completamente obsoletas y las condiciones laborales muy distintas de las actuales.

En 1930, el célebre economista John Maynard Keynes predijo con preocupación un enorme progreso tecnológico que llevaría a una parte importante de la fuerza laboral a quedarse sin empleo debido a la creciente automatización: "Estamos frente a una nueva enfermedad que alguno de los lectores puede aún no reconocer, pero de la cual se escuchará hablar y mucho en los años venideros: el desempleo tecnológico".

Pero el economista británico fue más allá y realizó cálculos basados en la población laboral activa, el crecimiento demográfico y la incorporación de tecnología al ámbito laboral, que lo llevaron a concluir que para el año 2030 los avances de productividad en las economías occidentales harían que la jornada laboral requerida para cubrir las necesidades económicas sea de sólo 15 horas semanales, y todo gracias a la tecnología. Es decir, algo así como tres horas por día. Y si bien admitimos que nos encantaría que estuviera en lo cierto, a tan sólo diez años de la fecha estipulada parece que nos encontramos lejos de una jornada laboral de tres horas. Eso tiene que ver con que hubo un elemento que falló en los cálculos de Keynes. O, mejor dicho, que faltó: la innovación.

En los últimos años, la innovación tecnológica ha sido exponencial y ha traído consigo la creación de millones de puestos de trabajo. Tan sólo Microsoft, Apple, Amazon y Google superan el millón de empleados a nivel global, sin contar las empresas satélites que les proveen diversos insumos tecnológicos o servicios, y que por ende necesitan contratar más personas. La innovación es el elemento disruptivo que permite explicar por qué las predicciones de Keynes estaban equivocadas, y que nos ayuda a entender, junto con el proceso de automatización, algunos de los cambios que se están produciendo en el mundo laboral.

Es cierto que la automatización puede tener efectos negativos de eliminación de empleos en el corto plazo, pero al mismo tiempo crea espacio para el surgimiento de otro tipo de empleos que permiten mayor innovación por parte de cada individuo.

Volvamos a *Tiempos Modernos*. En la vieja fábrica, Chaplin y sus compañeros de trabajo tenían una actividad que debían realizar mecánicamente de forma repetitiva y sin descanso hasta el final de la jornada. Como denuncia satíricamente el director británico, los obreros terminaban exhaustos física pero más que nada mentalmente, por realizar una tarea tan monótona y casi inhumana. El trabajo de los obreros de principios del siglo XX no daba espacio a la innovación, ni dejaba mucho tiempo para que esta se produjera. Sin embargo, si lo comparamos con el ambiente laboral que puede verse en cualquier empresa tecnológica de Silicon Valley, las diferencias son abrumadoras.

En 2019, el premio *Great Place to Work* fue otorgado a Cisco. El 96% de los empleados de esta compañía de telecomunicaciones declaró que tiene la libertad de tomarse un tiempo libre de su trabajo cuando lo necesita por razones personales o de cualquier otro tipo. El simple hecho de que exista un premio como el *Great Place to Work* nos muestra que las empresas se preocupan cada vez más por el bienestar de sus empleados. Cómodos sillones para relajarse, un ambiente armónico, bonitas vistas y juegos recreativos tienen el objetivo de que las personas que se encuentran en esa empresa puedan pensar. Todo lo contrario de *Tiempos Modernos*, donde no importaba en absoluto si el obrero pensaba o no, siempre y cuando se ocupara de ajustar la tuerca o ensamblar las mismas partes una y otra vez.

Cuando pueden pensar, los trabajadores tienen la capacidad de innovar, aportando nuevas soluciones a un problema que parecía irresoluble o creando nuevos productos que generarán consigo más puestos de trabajo. Por esto, la innovación se encuentra en la cúspide del mundo del trabajo del futuro y es una pieza fundamental para que funcione armónicamente.

El último elemento que debemos tener en cuenta para comprender la dinámica laboral que nos espera es un viejo conocido: el proceso de globalización. Mucho se ha escrito y hablado sobre los impactos de la globalización en distintos ámbitos. El proceso de globalización, multiplicado por la revolución tecnológica en el ámbito comunicacional, no solamente permite que las personas y las ideas viajen cada vez más rápido de un punto al otro del planeta, sino también que las distancias no se vuelvan una limitación para el trabajo en conjunto. Esto implica un cambio enorme en la forma en que trabajamos, y traerá consecuencias en un futuro no muy lejano que hoy no se nos suelen pasar por la cabeza. Por ejemplo, ¿cómo se va a calcular la jubilación de una persona que trabajó a lo largo de su vida en cinco países diferentes? o ¿qué sucede con las personas nacidas en la Argentina que viven en Barcelona y trabajan cada semana para una empresa distinta de cualquier lugar del mundo desarrollando *software*?

En el largo plazo, si tomamos en su conjunto los efectos de la globalización y de la automatización, no será difícil predecir que podremos producir lo mismo que hoy, con menor inversión de capital y menor cantidad de personas. Por eso, la tercera pata es fundamental.

En lo que hace al mundo del trabajo, según un informe de la consultora PwC, en la actualidad el 38% de los trabajos en Estados Unidos serán destruidos hacia 2030 por la automatización, lo cual se profundiza en sectores como el manufacturero (46%). Desde luego, esto implica una importante pérdida de puestos de trabajo que ha contribuido a una de las sorpresas políticas más importantes de nuestro tiempo: la victoria de Donald Trump en las elecciones de 2016. Pero, al mismo tiempo, se espera que en los próximos quince años se creen alrededor de 25 millones de puestos de trabajo antes inexistentes en los Estados Unidos.

En América Latina, el nivel de automatización es menor que en otras regiones, ya que la capacidad de hacerlo depende de diversos factores, entre ellos, la estructura económica de cada país. Veamos un ejemplo: de acuerdo con datos del Banco Interamericano de Desarrollo (BID), en Centroamérica la economía se compone principalmente de empleos susceptibles a ser automatizados como *call centers*, el comercio o la agricultura. Por su parte, en la Argentina y Uruguay, dos terceras partes de las ocupaciones están en riesgo de ser reemplazadas por la tecnología.

Como podemos ver, la inteligencia artificial y la robótica están generando un profundo proceso de automatización que impacta en un doble sentido: por un lado, destruye una enorme cantidad de empleos que son plausibles de ser automatizados y, por otro, crea nuevas industrias con trabajos de mayor calidad. Es decir, se crean y se destruyen empleos, pero lo más importante es que los empleos que se crean son rotundamente distintos de los que se destruyeron.

¿Avanzamos entonces hacia una sociedad donde los robots nos reemplacen como fuerza laboral? Como venimos diciendo, el pasado puede ayudarnos a entender un poco mejor el presente y, ¿por qué no?, el futuro.

Las chicas del cable

Muy probablemente alguna vez el algoritmo de Netflix les haya propuesto comenzar a ver la serie española *Las chicas del cable*, en parte como una especie de efecto derrame del éxito rotundo a nivel mundial de *La casa de papel*.

Este drama de ficción histórico-romántico relata las aventuras laborales, amorosas, políticas y hasta judiciales de cuatro amigas que en 1928 ingresaron a trabajar como operadoras en la recientemente creada Compañía de Telefonía de España, un eufemismo para hablar de la célebre Telefónica.

Lidia, Carlota, Marga y Ángeles trabajan en lo que cariñosamente denominan la centralita, es decir, una central de operación telefónica en la que reciben un llamado de alguien que quiere hablar con otra persona y ellas se encargan de conectar a los dos abonados. Es que, antes de la automatización, las llamadas telefónicas eran algo más o menos así:

(Abonado levanta el teléfono y se comunica con la central).
–Aquí operadora 47. ¿En qué puedo ayudarle?
–Operadora, comuníqueme con el abonado 467 de Madrid.
–Ya le comunico.
(La operadora busca en su panel el número 467 de la Ciudad de Madrid, conecta la línea y eso produce que suene el teléfono en la casa del abonado en cuestión).

Como podemos imaginar, un sistema ineficiente y altamente susceptible al error humano, o a cualquier otra falla técnica. Sin embargo, hacia fines de la segunda temporada, a Carlos, el joven hijo del dueño de la compañía, se le ocurre implementar el sistema de comunicación automática (al que bautiza Rotary II), que evitaría toda intervención humana y, por ende, terminaría con la centralita y las operadoras.

Esto provoca un caos en la compañía ante la posibilidad de que las operadoras perdieran sus puestos laborales. Es que ese trabajo en la centralita no sólo significaba su fuente de ingresos, sino que, como se muestra a lo largo de la serie, también implicaba la independencia socioeconómica que la mayoría de las mujeres de principios del siglo XX no tenían.

Si comparamos la cantidad de empleados de la empresa de ficción de la serie con Telefónica en la actualidad, el número se ha multiplicado por tres. Si en 1928 La Compañía de Telefonía de España contaba con 78.000 abonados y menos de 9.000 empleados, hoy cuenta con 32.000 empleados en España, cien mil más en el resto del mundo y más de cuatro millones de abonados solamente en su servicio de televisión satelital en territorio español, a los que se le suman la telefonía fija y móvil.

El aumento de la cantidad de abonados debido a la reducción de costos del servicio efectivamente hizo crecer exponencialmente la industria del teléfono, generando trabajos menos mecánicos y más "humanos". El problema central de la disputa visibilizada en *Las chicas del cable* radicaba en realidad en que la mayoría de las personas que trabajaban como operadoras no se imaginaban realizando otro trabajo, por más que las condiciones fueran mejores.

Además, la incorporación de la tecnología también implica una oportunidad para las pequeñas y medianas empresas que buscan crecer en el mercado. De acuerdo con un estudio de *Boston Consulting Group*, las empresas presentes en la nube crecieron casi el doble en comparación con las que no lo hacen, compitiendo con rivales más grandes, independientemente del lugar en que se encuentren.

¿Nos van a reemplazar las máquinas?

El trabajo ha funcionado durante muchos años como articulador de nuestra vida social. Cuando tenemos que presentarnos ante alguien, una de las primeras cosas que solemos hacer casi inconscientemente es autodefinirnos en función de nuestro trabajo. "Soy abogado", "Soy docente", "Soy emprendedor", "Soy futbolista", "Soy operadora".

La profesión que elegimos (o ejercemos, pero no elegimos) nos define en muchos aspectos, incluso sin que nos demos cuenta. Influye en nuestras amistades, en las noticias que consumimos, en los temas que tratamos en la sobremesa, en las series que miramos e incluso en nuestra forma de ver el mundo. Y no es para menos, porque ocupamos gran parte de nuestro día en el trabajo, incluso más de lo deseable.

Por esto, no es descabellado que tengamos miedo a un futuro donde el trabajo humano sea reemplazado por robots y computadoras. El trabajo no nos preocupa solamente porque es un sustento económico. La cuestión es mucho más profunda: tiene que ver con nuestro estilo de vida. Para las operadoras de la compañía de telefonía de la serie, quedarse sin ese trabajo significaba volver a depender de sus maridos o de sus padres en una sociedad en la que, para la mayoría de la gente, el rol que correspondía a la mujer era el de ama de casa. Viendo esto, no resulta difícil entender cómo cualquier tipo de cambio en el sistema productivo, aunque prometa ser beneficioso para todos en el largo plazo, genera un enorme temor y rechazo.

¡Pero no hay razones para preocuparse! Sino más bien para ocuparse...

El pensador griego Aristóteles, discípulo de Platón, estaba obsesionado, como gran parte de los filósofos clásicos, con entender cómo el hombre podría alcanzar la felicidad. En una simplificación que probablemente valdría el enojo de cualquier especialista en filosofía, hace 2.500 años, Aristóteles entendía que el hombre se encuentra más cerca de la felicidad cuanto más humano es. Esto sería algo más o menos así: lo que nos define como seres humanos es aquello que nos diferencia del resto de los animales, es decir, la razón. Por eso, para el filósofo griego, cuanto más desarrollemos la razón, más cerca estaremos de realizarnos como seres humanos y por ende alcanzar la felicidad. O sea que cuanto más estudiemos más felices vamos a ser... ¿no?

Quizás Aristóteles era un poco optimista en este sentido, y desde luego no fue el único que reflexionó sobre estos temas, pero lo cierto es que, en el trabajo del futuro, los humanos vamos a tener que usar cada vez más la razón y menos la fuerza, y según la idea de Aristóteles, seremos más felices.

Las tareas plausibles de ser automatizadas van a dejar de ser realizadas por humanos. Esto es un hecho y lo podemos constatar a diario. Estas tareas, en su mayoría mecánicas, ya no necesitan de la intervención humana, y eso no tiene por qué ser tomado como algo negativo. *Los humanos entonces realizaremos tareas cada vez más humanas.*

Como nos comentaba nuestro amigo Eze Glinsky, CTO de Microsoft, durante una entrevista, "somos la primera generación que habilita computadoras inteligentes para tomar decisiones que hasta ahora sólo tomaban las personas. Si bien esto tiene un gran potencial, también implica muchos desafíos y uno de los principales pasa por desarrollar la fuerza de trabajo necesaria para que pueda aprovechar esa oportunidad".

Las máquinas no nos reemplazarán, porque las máquinas, como decía nuestro amigo Picasso, son inútiles.

Las máquinas son inútiles

Al ser consultado sobre las incipientes computadoras en 1970, el pintor español Pablo Picasso dijo que eran completamente inútiles, "ya que sólo pueden darnos respuestas".

Los humanos, por el contrario, tenemos la inigualable capacidad de hacernos preguntas, interrogantes que nos han llevado incluso a crear las computadoras. Las máquinas pueden aprender, pueden tomar decisiones y pueden ser mucho más precisas que los seres humanos, pero nunca podrían reemplazarnos porque no todas las decisiones que tomamos son lógicas y, muchas veces, las mejores decisiones que hemos tomado en la vida no son racionales. Es por eso que una máquina no podría decidir mejor.

Las máquinas son incapaces de desarrollar habilidades sociales como la empatía, extremadamente necesaria en el ámbito laboral.

La temática de la inteligencia artificial tiene tan preocupada, y al mismo tiempo apasionada, a nuestra sociedad, que incluso escritores como Dan Brown[27] se han metido en esa temática. En su libro *Origen* (2017), el autor norteamericano vuelve a traernos a su más célebre personaje: el profesor Robert Langdon, quien esta vez está acompañado de un particular ayudante en su ya típica tarea de salvar el

---

27 Dan Brown es un escritor estadounidense, famoso por ser el autor de la serie de libros que narran las historias del Profesor Robert Langdon (*El Código Da Vinci, Ángeles y Demonios, Inferno, El Símbolo Perdido, Origen*).

mundo. *(¡SPOILER ALERT!)* Esta vez, el ficticio profesor de Harvard, llevado al cine por Tom Hanks, es asistido en su tarea por Winston, un asistente que lo va guiando a través de un auricular. Ya bien avanzado el libro, nuestro protagonista descubre que en realidad Winston no es una persona sino una computadora, programada por su antiguo alumno Edmond Kirsch, que la definió como "una especie de Siri pero hasta arriba de esteroides".

Este libro, que resulta basura para el esnobismo intelectualista, como todo aquello que vende muchas copias (especialmente si viene de Dan Brown), puede ser sumamente interesante por algunas de sus conclusiones... y porque es considerado basura por el esnobismo intelectualista. Entre sus ideas más destacables (además de la famosa frase de que los freaks informáticos heredarán la Tierra), nos deja este mensaje: "debemos depositar nuestra fe en la creatividad humana y en el amor, porque esas dos fuerzas, cuando se combinan, tienen el poder de iluminar las tinieblas". "Las tinieblas" pueden ser interpretadas como aquella imagen distópica del estilo de *Black Mirror* sobre la tecnología.

"Ojalá nuestra tecnología nunca deje atrás nuestra filosofía. Ojalá nuestro poder nunca supere nuestra compasión. Y que el motor del cambio no sea el miedo, sino el amor". Miedo, amor, compasión: todas cualidades humanas, que las máquinas, como son inútiles, no pueden experimentar.

La batalla por la Economía del Conocimiento

El consultor, académico y especialista en negocios Peter Drucker predijo en 1957 que "El activo más valioso en una institución del siglo XXI será el conocimiento de sus empleados y su productividad". Cuarenta y tres años antes de que comenzara el nuevo siglo, Drucker tenía claro que el valor en las sociedades del futuro no tendría que ver con los activos materiales y físicos, como sucedía en el siglo XX, sino más bien con el conocimiento.

La economía del conocimiento, o, mejor dicho, la economía **basada** en el conocimiento es el sector económico que usa la información y, valga la redundancia, el conocimiento, para generar valor agregado. El capitalismo contemporáneo es cada vez más un capitalismo del conocimiento. Como veíamos en los capítulos anteriores, este nuevo patrón industrial está cambiando muchos de los conceptos que teníamos en lo que refiere al mundo del trabajo y la creación de valor.

En esta industria, es el conocimiento de las personas lo que marca la diferencia, y no los recursos materiales. Basta con mirar la evolución de las principales empresas del mundo en los últimos años para darnos cuenta de que aquellas que han apostado por el conocimiento son las que han revolucionado el mercado. Desde el año 2012, las empresas tecnológicas han crecido todos los años a un ritmo más acelerado que el resto de la economía. Si observamos el top 10 de empresas según su valor de capitalización de mercado en 2006, sólo una de ellas era tecnológica (Microsoft, en tercer lugar, detrás de Exxon Mobil y General Electric). Si miramos ese mismo ranking diez años después, cuatro de las primeras cinco empresas son tecnológicas (en orden: Apple, Alphabet, Microsoft y Amazon).

Hasta hace unos años, muchos iPhones tenían en el dorso la siguiente inscripción:

Designed by Apple in California. Assembled in China.
Diseñado por Apple en California. Ensamblado en China.

Esa simple frase de ocho palabras nos dice más sobre la economía del siglo XXI que muchos tratados interminables que están como bibliografía en los programas universitarios. Apple, una de las tres empresas más valiosas del mundo, no obtiene su valor de fabricar celulares o computadoras. Apple vende estatus social y estilo de vida. El verdadero valor no está en la calidad de los materiales que utiliza, ni en un ensamblaje mucho mejor, sino en su diseño. Eso es lo que verdaderamente le genera valor a la empresa. El empleado chino que ensambla en condiciones deplorables los teléfonos que luego se van a vender a más de mil dólares, probablemente ni ahorrando íntegro su sueldo de años pueda comprarse ese móvil que manipuló en su trabajo. Por su parte, el joven californiano que trabaja en el área de diseño de Apple, muchas menos horas y con condiciones de mayor comodidad y confort, puede comprarse más de uno con su salario de un mes. De eso se trata la economía del siglo XXI: el valor ya no está en lo tangible.

La economía de los intangibles

Airbnb es una de las empresas más importantes del mundo en el rubro hotelero, y no tiene en su poder ni un solo hotel. Nadie podría negar que Uber se ha vuelto un actor fundamental en la industria del transporte sin poseer ni un solo vehículo propio, y que Amazon ha revolucionado la industria del *retail* sin poseer depósitos ni stock.

Los economistas británicos Jonathan Haskel y Stian Westlake definieron este cambio en la economía global como el comienzo de la era del *Capitalismo sin capital*, frase con la que titularon su libro, publicado en 2017, sobre el surgimiento de la economía de los intangibles. Lo intangible es aquello *que no se puede tocar*, y se contrapone a la industria de los activos tangibles, que primaba en la economía capitalista hasta hace unos pocos años. Son dos obviedades, sí. Pero es necesario aclararlas y ahora veremos por qué.

El mundo del siglo XXI se mueve aceleradamente hacia una economía basada en ideas, marcas, diseños o *software*, que no están atados a un lugar determinado ni específico, como lo podía estar el oro o el petróleo, que hacían que algunos lugares sean sencillamente más valiosos que otros. Esto agrega una gran complejidad a la economía del siglo XXI: ¿cómo medimos el valor de algo que no podemos tocar? ¿Cómo medimos el PBI del conocimiento?

En países como EE.UU., Reino Unido, Alemania, la mayor parte del capital que se invierte cada año es intangible. No entender este gran cambio nos puede relegar –ya sea como personas individuales, como empresas o como países– a la intrascendencia en la economía del futuro.

En los últimos años, la empresa más grande de Sudamérica, MercadoLibre, ha sido causa de polémicas y confrontaciones políticas en su país de origen: la Argentina. Nadie es profeta en su tierra. Dentro de esas polémicas, que involucran debates sobre la sindicalización de sus empleados, acusaciones de prácticas monopólicas y de explotación laboral, uno de los ataques que más se pudo leer en redes sociales y escuchar en las tertulias televisivas fue: "¿Qué produce MercadoLibre?". El espíritu de esa crítica marca a la perfección la diferencia entre la economía del siglo XX y la economía de los intangibles, que queremos ilustrar en este apartado. MercadoLibre no produce nada tangible: no es una compañía textil que produce remeras, no es una compañía de electrodomésticos que produce heladeras ni es una compañía de automóviles que produce coches... pero brinda servicios a todas ellas. Produce –entre muchas otras cosas– un espacio para acercar oferta y demanda de productos, pero también produce algoritmos que permiten simplificar esas búsquedas y mecanismos que vuelven la logística más eficiente, permitiendo que dos personas que se encuentran en dos puntas diferentes del país puedan intercambiar un producto determinado sin salir de su casa.

No entender *qué produce MercadoLibre* es no entender cómo funciona la economía del siglo XXI. Y no entender cómo funciona la economía del siglo XXI sólo va a contribuir al profundo estancamiento de América Latina, en un contexto donde el que no se sube al tren rápido, se queda afuera, entre otras cosas, porque los cambios en la actualidad son exponenciales, y no graduales.

El crecimiento exponencial

Otra de las grandes características de la economía del siglo XXI tiene que ver con su escalabilidad y su exponencialidad. Pensemos en el siguiente ejemplo: una persona en la década de 1970 es despedida de su empleo y obtiene en concepto de indemnización una pequeña porción de capital. Con ese capital y los conocimientos que tenga deberá buscar la manera de subsistir. Entonces, como sabe conducir, decide invertir ese dinero en comprar un taxi. Nuestro protagonista es muy trabajador y quiere ganar mucho dinero, pero tiene algunas limitantes: por más que quiera, no puede trabajar todo el día, porque para estar atento al volante necesita dormir. Entonces tiene que elegir: o trabajar durante la noche y aprovechar los viajes con una tarifa más alta, o trabajar durante el día y tener la posibilidad de encontrar más pasajeros. Al mismo tiempo, también lo limita el área geográfica que conoce: no puede ir a cualquier lado y tampoco puede meter más de cuatro personas en su taxi sin cometer una infracción.

Pero este taxista sigue obsesionado con ganar más dinero, y decide ampliar su negocio. Tras ahorrar mucho y pedir un préstamo al banco, logra comprar otro taxi, que le alquila a otro taxista para que este le pague un porcentaje de lo trabajado. Aumentó su capital, y consecuentemente aumenta sus ganancias. Luego de un par de años, reinvierte sus ganancias en un nuevo taxi, y vuelve a hacer lo mismo, y ya tiene una flota de tres automóviles, pero se encuentra con un problema: tardó tantos años en juntar ese dinero que el primer auto con el que empezó después de ser despedido ya quedó viejo, y hay que cambiarlo. Y así tiene que volver hacer una gran inversión en su capital para actualizar su motor de trabajo. ¿Cuánto más puede escalar su negocio nuestro protagonista? Podríamos pensar en asociarlo con algunos otros emprendedores y poner una empresa de taxis, pero de todas formas su crecimiento siempre sería progresivo y requeriría una gran inversión de capital en autos.

Ahora pensemos en Uber. Uber tiene un algoritmo muy valioso y sofisticado que se dedica a asignar viajes a automóviles particulares. No hace falta que compres una licencia de taxi, sino que simplemente cualquier ciudadano que tenga un coche puede inscribirse y comenzar a trabajar durante el tiempo que quiera. Uber comenzó sus operaciones en 2009 en San Francisco, California, y en muy poco tiempo fue escalando su idea hasta estar en más de 700 áreas urbanas, a una velocidad exponencial que ningún taxista hubiera logrado.

El crecimiento exponencial y la escalabilidad son dos características fundamentales de la economía de los intangibles, y estos factores nos obligan a repensar los mercados en términos globales. Cuando empresas basadas en activos no físicos, como los algoritmos, empiezan a crecer, prácticamente no hay límites a lo grandes que puedan llegar a volverse y, consecuentemente, a la riqueza que pueden obtener, pero también crear. Al mismo tiempo, estas empresas pueden pasar de ser muy valiosas a valer casi nada. Una fábrica de acero podría perder su cuota de mercado, o incluso fundirse, pero todavía tendrías una fábrica de acero. Con lo intangible, esto se vuelve un poco más complicado. Por eso, muchos de los conceptos de la "economía clásica" no aplican al mundo del siglo XXI.

El único activo con el que cuenta Uber es su idea, y si nos ponemos más finos, su algoritmo, pero, a diferencia de la fórmula de la Coca-Cola, no requiere una complejidad excesiva programar una app similar a Uber. Un grupo de buenos estudiantes de ingeniería de alguna universidad latinoamericana podrían hacerlo sin mayor complejidad y no necesitarían una suma exorbitante de recursos y eso nos lleva a pensar en otra de las grandes características de la economía del conocimiento: el empoderamiento de los individuos... o no.

Los individuos: ¿empoderados o frustrados?

En muchos sentidos, esta revolución tecnológica ha permitido empoderar a los seres humanos, o, mejor dicho, ha permitido empoderar a **algunos** seres humanos. Podemos ser ejemplos en carne propia de esa misma idea: con una inversión inicial cero, logramos desarrollar una app –en principio muy rudimentaria pero que funcionaba– que ayudaba a personas con dificultades en la comunicación. Así nació *¡Háblalo!*, que hoy, varios años después, ayuda a más de 140.000[28] personas con discapacidad en los cinco continentes. No se requirió mucho dinero, ni tampoco un conocimiento superior para desarrollarla. De hecho, había tecnologías que podían hacer algo similar. El verdadero activo de esta app era su idea: concentrar en una sola aplicación distintos recursos para solucionar los problemas de comunicación que podían estar causados por diversas discapacidades o problemáticas. De ahí su lema: *la app para comunicarse*. Y todo esto fue desarrollado por un adolescente de 17 años con tiempo libre y una computadora.

También a los 17 años, Gonzalo Waisman y su equipo de compañeros de colegio, con los que fundó la compañía *Identitic*, crearon una aplicación que permite solucionar los asuntos burocráticos en establecimientos educativos. Dos años después, la solución permite tomar asistencia, enviar notas de exámenes, gestionar clases particulares o programar el calendario académico avisando a toda la comunidad educativa en cada paso mediante notificaciones al teléfono celular. *Identitic* es

---

28 Pueden ver la cifra actualizada en www.hablalo.app

hecha por alumnos para alumnos y construida con los profesores.

Cada vez más seguido, vemos estos casos en los que un par de jóvenes con muy buenas ideas e intenciones, y cero inversión inicial, logran comenzar emprendimientos que quizás en el pasado hubieran requerido de un gran capital, inversiones y mucha experiencia para funcionar. Hoy, los seres humanos parecemos estar más empoderados que nunca, y todo gracias a la tecnología.

Sin embargo, hay un concepto que deberíamos revisar: ¿esos emprendimientos realmente se lograron con inversión cero? ¿O el tipo de inversión que necesitan es diferente a la que estamos acostumbrados? Tanto el caso de Mateo, como el de Gonzalo y el de tantos otros, requerían *ideas* y capacidad de llevarlas adelante, en lugar de capital financiero. Es decir, como mínimo, las habilidades necesarias para programar algo que funcione. Pero para que un joven de 17 años tenga esa capacidad, es necesario una inversión previa que no debemos desdeñar, y que, como venimos diciendo, será cada vez más importante en la economía del futuro: el conocimiento.

El tipo de personas que tienen más posibilidades de prosperar en la economía de los intangibles suele ser gente con un alto nivel de desarrollo educativo, que se mueven en ecosistemas emprendedores donde se alientan y apoyan estas ideas, con diversidad disciplinaria, cultural y económica y en un ambiente tolerante, pero esa no es la situación para todas las personas en todo el mundo, aunque parezca una obviedad aclararlo. El problema es que aquellos lugares –y aquellas personas– que no se suben al tren de la Economía del Conocimiento y los intangibles quedan cada vez más relegadas. Sus posibilidades se van reduciendo y las diferencias entre ambos sectores son cada vez mayores. Esto tiene como consecuencia que la brecha entre dos personas que quizás viven a unas pocas cuadras de distancia sea cada vez más grande, pero no sólo en términos económicos, sino en cuanto a su forma de pensar y percibir el mundo que los rodea.

Así como la tecnología empodera a algunas personas, pone en jaque las fuentes de subsistencia de muchas otras. El ya clásico ejemplo de los taxis en contra de Uber es particularmente ilustrativo. Con la llegada de Uber, los taxistas tradicionales vieron amenazada su fuente de trabajo, de la misma forma que los empleados del subterráneo temían que las terminales de carga automática de tarjetas de viaje hicieran que muchos de ellos terminaran en la calle.

Esta diferencia es particularmente interesante para comprender muchas de las cuestiones políticas que preocupan al mundo en el siglo XXI. La tecnología tiene la potencialidad de empoderarnos o de quitarnos oportunidades, y el conocimiento es el elemento distintivo fundamental entre esas posibilidades. Por eso, volviendo a las batallas anteriores, la educación y la visión de futuro son cruciales a la hora de pensar en el mundo que se viene.

Todas las empresas son empresas tecnológicas

Ya hemos dicho que las compañías más grandes del mundo, en términos de valor de mercado, son empresas que se dedican al rubro de la tecnología, algo que no era así hace diez años. Lo que resulta más curioso es que, a medida que las tecnologías se vuelven más y más penetrantes en todas las industrias y funciones, empresas de rubros tan diversos como el financiero, la consultoría, la energía o el *retail* se están convirtiendo en compañías tecnológicas. Desde Goldman Sachs hasta Exxon Mobil, y desde Citi hasta Walmart, la transformación digital se ha vuelto una parte fundamental de las estrategias de los CEOs.

Pero ¿cómo puede convertirse de la noche a la mañana una empresa de una industria tradicional en una empresa de tecnología? Bueno, en realidad, para ser justos, en tiempos de la Economía del Conocimiento, la distinción entre compañías tecnológicas y no tecnológicas se ha vuelto cada vez menos relevante.

¿Tesla es una compañía tecnológica o automovilística? Una respuesta simple podría ser: "produce autos, por lo cual es parte de la industria tradicional del automóvil", pero lo que verdaderamente es la marca distintiva de Tesla tiene que ver con la innovación tecnológica que traen sus vehículos, algo que no ha pasado desapercibido por las grandes compañías de automóviles como Ford, Volkswagen, o BMW. Las empresas que prosperan en la economía actual son aquellas que saben reconvertirse y, para poder hacerlo, contar con tecnología es un activo fundamental. Algo similar pasa con el mundo financiero. Cuando hace unos años nació el concepto de *FinTech*, la mayoría de las instituciones bancarias tradicionales lo atacaron, en el peor de los casos, o en el mejor, lo ningunearon. Hoy, la mayoría de los bancos del mundo tienen estrategias relacionadas a la digitalización de las finanzas personales.

En 2017, Lloyd Blankfein, CEO de Goldman Sachs, uno de los grupos inversores más importantes del mundo, sorprendió a toda la comunidad de negocios al declarar que "Goldman Sachs es una empresa de tecnología. Es una plataforma", y redobló la apuesta argumentando que su compañía contaba con más ingenieros que Facebook.

Hoy, cada vez más, las compañías se están volcando a la inversión en ciencia y tecnología, y esto va a cambiar –y ya está cambiando– completamente la economía en los años que se vienen. Como individuos, como empresas, como instituciones educativas o Estados, tenemos que estar preparados para estos cambios. Si queremos beneficiarnos de ellos, el primer paso está en comprenderlos en lugar de oponernos por considerarlos diferentes a lo que creíamos que "debía ser".

La batalla por la representación: *lo digital es político*

Por mucho tiempo se creyó, o se intentó instalar esa idea, que lo digital y lo político iban por caminos separados y pertenecían a dos mundos completamente diferentes. En la mayoría de las universidades del mundo, la Facultad de Ciencias Sociales y la de Ingeniería están sumamente alejadas una de la otra, no sólo físicamente, sino en términos de intercambio intelectual y académico de contenidos. El estereotipo del estudiante de ciencias sociales no puede ser más diferente al del ingeniero, pero, sin embargo, ambas disciplinas están eminentemente relacionadas en el mundo del futuro.

Como mencionamos anteriormente, en su libro *21 lecciones para el siglo XXI*, Yuval Noah Harari destaca casi orgullosamente que su intención no es resaltar las cosas buenas de la tecnología, ya que para eso están los emprendedores y empresarios. Como si, de alguna manera, los sociólogos, filósofos e historiadores tuvieran el privilegio intelectual de poder ver más allá que el resto de los mortales y, por ende, tuvieran la obligación moral de explicar por qué la tecnología puede llevarnos a un universo distópico de autodestrucción. Este extraño tipo de razonamiento, bastante *snob*, por cierto, se repite cada vez con más frecuencia en ámbitos académicos y es tan peligroso como el utopismo de que todo puede ser mejorado gracias a la tecnología.

En el siglo XXI, la política es cada vez más digital y lo digital es cada vez más político. Si dividimos esta afirmación en dos partes, podríamos ver que la primera de ellas (la política es cada vez más digital) es mucho más palpable que la segunda (lo digital es cada vez más político). Hoy, Twitter se ha vuelto algo así como el *ágora digital*, la digitalización de los documentos públicos y la modernización de los trámites es una realidad cada vez más extendida a lo largo de todo el mundo y las políticas públicas y las campañas políticas basadas en *Big Data* están a la orden del día. La política es cada vez más digital, está bien, pero afirmar que lo digital es político no es tan fácil de asimilar, y tiene consecuencias mucho más profundas. ¿Por qué lo afirmamos entonces?

Lo digital es político

Para los que creían que con el 2020 se terminaba un año de turbulencias y complicaciones, el 2021 comenzó recargado: a sólo seis días de comenzado el año, una multitud irrumpió en el Congreso de los Estados Unidos bajo el lema *Save America*, como forma de protesta por la derrota supuestamente fraudulenta de Donald Trump en los comicios de noviembre del 2020. Esta situación deja mucha tela para cortar sobre los problemas de la representación política en el siglo XXI, pero fue una de las consecuencias de este fenómeno lo que más llamó la atención sobre el tema que nos atañe en este capítulo: la red social Twitter tomó la decisión de suspender permanentemente la cuenta de Donald Trump ante el riesgo de *incitación a la violencia*. Vamos otra vez: Twitter decidió eliminar la cuenta del presidente de los Estados Unidos, que contaba con 89 millones de seguidores. Trump era, hasta el momento, el líder político en funciones con más seguidores en esa red social en todo el mundo, superando por más de veinte millones al segundo en la lista: el premier indio Narendra Modi. Joe Biden, el presidente electo de los Estados Unidos, contaba en ese momento con 24 millones.

Unas horas después del evento, una cuenta asociada a la administración Trump publicó un mensaje en repudio de lo ocurrido, donde argumentaba que "La inédita acción de Twitter no es sobre la libertad de expresión. Ellos quieren promover una plataforma para la izquierda radical donde parte de las personas más agresivas del mundo pueden hablar con libertad. Permanezcan atentos". Twitter también decidió borrar esa publicación.

En el mundo de datos y algoritmos que caracteriza la Cuarta Revolución Industrial, no está del todo claro quien establece las reglas tanto del debate público como de otros ámbitos de la política, y el caso de Twitter vs. Trump es sólo un ejemplo de este interesante fenómeno.

¿Estamos avanzando hacia un mundo donde aquellos que marcan los límites de lo que podemos hacer y lo que no son las entidades privadas con el mejor algoritmo?

En su libro *Future Politics*, el investigador británico Jamie Susskind toma como ejemplo la relación de un ser humano del futuro no tan lejano con su automóvil autónomo. Imaginemos que estamos viajando en ese auto y, por alguna razón, tenemos la voluntad de subir la velocidad a más de la máxima permitida en esa carretera, o queremos estacionarnos por alguna razón en un lugar donde no está permitido, o se nos ocurre por alguna razón quitarnos el cinturón de seguridad. Si el automóvil está bien programado (que es lo más probable), con seguridad va a negarnos la posibilidad de hacer esto que queremos. Una primera aproximación a esta problemática podría ser positiva: si todo funciona bien, habría menos accidentes y menos infracciones de tránsito, pero, en el fondo, este dilema implica una cuestión de poder. Una máquina decide por nosotros hacer o no hacer algo que va en contra de nuestra voluntad. Por más que nuestra voluntad sea cometer una infracción, y en nuestro libre albedrío hubiéramos querido asumir las consecuencias de esa infracción, no podríamos. ¿Quién tiene el poder entonces?

El gobierno chino ha invertido una gran cantidad de dinero y de tecnología en desarrollar un sistema que permita medir el comportamiento de los ciudadanos, asignando premios y recompensas. Con una serie de algoritmos, más de seiscientas millones de cámaras y sistemas integrados de reconocimiento social, los pasajeros de un tren que viajen sin billete, que se comporten desordenadamente o que fumen en lugares públicos serán castigados y su comportamiento quedará registrado en el sistema de puntos. ¿Qué tan libres somos para tomar decisiones en un mundo así?

Como resulta evidente a partir de lo que fuimos viendo en las páginas anteriores, los algoritmos toman cada vez más decisiones que antes eran tomadas por humanos: a quién conceder una hipoteca, a quién asegurar o a quién contratar para realizar un trabajo. Más del 70% de todos los CVs que se envían para postulaciones a trabajos ya no son leídos por seres humanos, sino por sistemas de inteligencia artificial. ¿Quién pone las reglas entonces? ¿Cuánto falta para que se haga lo mismo con los expedientes judiciales y sea una máquina la que llegue a la conclusión sobre cuál sería la sentencia "más justa" para alguien acusado de un delito?

Hoy en día ya existen *chatbots* que logran superar un examen de medicina con una calificación superior a un ser humano promedio y, debido a la forma de incorporación de conocimiento que tiene la inteligencia artificial, probablemente lo hagan mucho mejor en el futuro. ¿Puede haber *chatbots* que sean "mejores políticos" que los seres humanos? No lo sabemos. Probablemente sí sean más honestos.

Los breves ejemplos seleccionados en los párrafos anteriores no fueron al azar. Siguiendo con el razonamiento de Susskind, representan los cambios que están experimentando el poder, la libertad, la justicia y la democracia, que son aspectos clave de la política. Es por esto que resulta de vital importancia que los actores que forman parte de la decisión política estén cada vez más informados sobre las ventajas, las potencialidades y los peligros de las tecnologías emergentes, para que se puedan dar respuestas integrales a estos interrogantes. Y usted podría estar preguntándose, "¿por qué debería la política dar respuesta a ello?" Muy sencillo: lo más probable es que, si el sistema político no tiene respuestas, los desafíos que implica la tecnología se lleven puesto al propio sistema político, como ya ha sucedido en una multiplicidad de ocasiones a lo largo de la historia. Veamos cómo.

La representación en crisis

Antes de comenzar a hablar sobre la crisis de representación en las sociedades contemporáneas, es importante recordar un concepto que está presente a lo largo de todo este libro: siempre que ha habido grandes cambios a nivel tecnológico en la historia de la humanidad, estos han traído aparejados cambios en la forma en que interactuamos, nos relacionamos y nos organizamos a nivel político y social. No es casualidad, sólo por citar un ejemplo, que el primer gran imperio de la historia de la humanidad –el Imperio acadio– surgiera muy poco tiempo después de la invención de la escritura. ¿Y adivinen dónde surgió?... Sí, en la Mesopotamia, donde casualmente se inventó la escritura. Dicho esto, ¿por qué la Cuarta Revolución Industrial no habría de generar cambios en nuestra forma de organización política?

Desde hace décadas, las democracias occidentales vienen experimentando un proceso de fuerte erosión de las instituciones representativas tradicionales, y esto no tiene que ver exclusivamente con la tecnología, sino con una multiplicidad de factores, entre los que los fenómenos que venimos describiendo ocupan un lugar interesante. Así, de acuerdo con datos de Latinobarómetro para 2019, sólo el 13% de los latinoamericanos siente confianza en los partidos políticos de su país, y el 79% desconfía de sus parlamentos. Es decir, las instituciones de representación por excelencia ya no representan a casi nadie. Una posible respuesta a esta afirmación es que, en realidad, en el siglo XXI todas las grandes instituciones están siendo desafiadas: de la misma manera que Bitcoin desafía a la Fed y las Fintech desafían a los bancos, las redes sociales desafían a los medios de comunicación tradicional. Y es válido, pero *mal de muchos, consuelo de tontos*.

Gran parte de las protestas que vimos a lo largo de toda América Latina en 2019 responden a esta crisis. En Chile, Bolivia, Ecuador, Colombia o México, para mencionar algunos casos, la ciudadanía salió a la calle a hacerse escuchar y, en su gran mayoría, el foco de sus críticas y protestas estaba puesto en las instituciones políticas. Teniendo en cuenta que todos esos casos son democracias representativas –con imperfecciones, pero democracias al fin– se supone que el lugar donde debería canalizarse un pedido de la ciudadanía no es la calle, sino el parlamento. Evidentemente, algo está funcionando mal. Resulta prácticamente obvio que, ante un contexto de enorme cambio en la sociedad, las instituciones que no logren adaptarse terminarán por quedar obsoletas, como venimos describiendo, y esto representa un riesgo para las democracias contemporáneas. ¿Es hora de un nuevo contrato social entre ciudadanos, que tome en cuenta las particularidades del mundo en que vivimos? ¿Cómo puede funcionar una democracia dónde quienes deberían representar las demandas ciudadanas ya no tienen la confianza de la población?

Quizás en la tecnología pueda estar parte de la respuesta… o parte del problema.

La primavera de las redes sociales

En 2011, Twitter y Facebook todavía eran una novedad para la mayoría de las personas y no quedaba del todo claro para qué podían usarse, más allá del entretenimiento… aunque todo estaba a punto de cambiar. La red social del pajarito fue clave para que se produjeran las mayores revueltas ciudadanas en el norte de África y Medio Oriente desde la década de 1960.

En sociedades extremadamente controladas por el poder estatal, las redes sociales, que escapaban de ese control, fueron el medio elegido para poner en contacto a distintos sectores que se encontraban descontentos y reclamaban un cambio. En Egipto, ante las protestas, el gobierno de Hosni Mubarak se dio cuenta de que, si quería mantener el *status quo*, tenía que dejar al país sin internet, lo cual fue una tarea relativamente sencilla ya que el Estado egipcio tenía una importante participación en todas las empresas proveedoras. Sin embargo, ya era demasiado tarde. En la tierra de los faraones, Twitter ya había causado estragos, inaugurando una verdadera revolución no sólo en ese país sino también en el mundo a la hora de protestar.

Esto se repitió en otros países de todos los continentes, con los matices obvios de cada caso, y fue clave, por ejemplo, en las protestas del 15 de marzo de 2011 en España. De a poco, los ciudadanos se fueron dando cuenta de que ya dejaban de necesitar a los partidos y a los líderes políticos para lograr convocatorias masivas en una plaza, y eso cambió de lleno la naturaleza del reclamo social, como lo vimos en 2019, un año particularmente agitado en lo que a ese tema refiere.

Para profundizar en este tema, decidimos contactar a Santiago Siri, uno de los referentes a nivel global a la hora de analizar el impacto de las nuevas tecnologías en la democracia. Santiago, además de saber un montón sobre *Blockchain*, es el fundador de Democracy Earth, que en sus propias palabras define como "una fundación sin fines de lucro que intenta entender cómo funciona la democracia hoy en día, y lo hace desarrollando *software*, disponible para todos de forma libre y gratuita, que tiene como objetivo aumentar y mejorar la participación democrática".

Para Santiago, la influencia de la tecnología en el ámbito de la decisión política no es ninguna novedad. Según él, "la información moldea desde hace miles de años las estructuras políticas y en el futuro va a generar cambios estructurales de poder mucho más allá de lo que creemos. El rol de las redes sociales empieza a ser cada vez más político, y la vigilancia a los ciudadanos se da en todos lados, sin importar el tipo de Estado del que hablemos, tanto en la China comunista como en la democracia de Estados Unidos".

En el ámbito político existen dos efectos, que abordaremos en el siguiente apartado y que influyen en la participación ciudadana, más concretamente en aquello que llamamos democracia. No es nuestra intención hacer un análisis valorativo del rol de la tecnología sobre la calidad democrática, ni tampoco analizar sus consecuencias políticas a largo plazo, sino más bien entender cómo la tecnología está cambiando nuestra relación con el Estado y el gobierno.

El efecto Trump

En 2016, Dominic Cummings, director de la campaña pro-Brexit *Vote Leave*, tomó la decisión de concentrarse estratégicamente en la compra y el análisis de datos personales para llegar con sus mensajes segmentados a personas a las que sus oponentes ni siquiera tenían en consideración. El resultado, que es conocido por todos, no hubiera sido posible de ninguna manera sin la tecnología. Pero para los que prefieran el acento norteamericano al británico, también tenemos como ejemplo la campaña que unos meses después hizo Donald Trump en las elecciones norteamericanas, donde, gracias al uso de *Big Data*, pudieron identificar e influir en potenciales votantes de estados como Pennsylvania o Wisconsin, que se creían perdidos. Hoy, este procedimiento es una realidad en todas las campañas políticas. Sí, en esa que estás pensando, también.

Trump fue un candidato que se construyó en gran parte en las redes sociales, y su forma de usar Twitter llegó a ser un caso de estudio no sólo por su éxito, sino también por sus posibles consecuencias en la política. Mayúsculas, mensajes cortos, simples y claros, signos de admiración y contenido muy polémico para ganar muchos *likes* y RT. Desde la victoria de Trump en 2016, muchos otros candidatos a lo largo del mundo han intentado hacer lo mismo, o al menos algo parecido. Siguiendo con el rol de las redes en la opinión política, pensemos en un clásico *feed* de cualquier red social. Como ya sabemos, la información que nos va a aparecer es la que podría llegar a gustarnos o a coincidir con nuestra visión del mundo, descartando la que no nos gusta. Existen diversos gráficos que permiten mostrar la interacción entre cuentas de Twitter e identificar con colores su preferencia política. Si tomamos uno de ellos, veremos claramente cómo las personas interactúan casi exclusivamente con aquellos que tienen su misma orientación política, dejando a la sociedad dividida virtualmente en dos mundos que cada vez se conocen menos y hablan menos entre sí, incluso para pelearse. Esto, aplicado al pensamiento político, es exactamente lo contrario a lo que se busca con la democracia, que se basa en el debate de ideas contrapuestas.

Pensemos en la propia dinámica de la discusión política en Twitter. En los últimos años, cuando se busca responder a alguien con quien no se coincide en determinada visión, se suele citar su *tweet*, o hacerle una captura de pantalla para responder, en lugar de comentar. Esto puede parecer algo sutil, o de menor importancia, pero nos dice mucho sobre cómo interactuamos o, más bien, cómo **no** interactuamos. No nos interesa tanto la respuesta del otro, o el debate que pueda surgir, sino más bien enunciar declarativamente nuestra propia posición. Suele enunciarse que el problema del discurso político en las redes sociales es el nivel de agresión en las discusiones, pero otra forma de verlo es que en realidad no existe tal discusión. No existe debate. Las *malas palabras* son sólo un adorno, y quedarse con eso sería una mirada altamente esteticista. El verdadero problema es que lo que iba a ser el ágora del siglo XXI se transformó en un repositorio virtual de monólogos de sordos.

Según diversos especialistas, gracias a los famosos algoritmos de los que ya hablamos, los *feeds* de Facebook o

Twitter funcionan como cámaras de eco: reproducen opiniones que usualmente son coincidentes con las propias y nos dan la sensación de que nuestro pensamiento es mayoritario, lo cual rompe con los condicionantes sociales que existían frente a opiniones políticamente incorrectas, como vimos con las campañas políticas de los últimos años en todo el mundo.

Si sumamos a esto que los políticos deben resumir sus ideas para que se ajusten a ¡280 caracteres! tenemos un combo complicado a la hora de pensar el impacto de las redes sociales en la política. Un buen ejercicio para romper con esta inercia es que como ciudadanos busquemos evitar caer en estas cámaras de eco y pensar el mundo mediante el prisma simplista que nos impone Twitter. Porque, como dijimos al principio, no es que Twitter sea malo, sino que a veces la utilización que le damos puede tener consecuencias negativas. La clave está en usarlo bien, como con cada una de las tecnologías que venimos describiendo.

Los parlamentos del futuro

Si hace algunos años nos hubiéramos dedicado a imaginar cómo sería el futuro del Poder Legislativo, difícilmente hubiéramos pensado en legisladores sesionando desde sus camas, colocando carteles frente a la pantalla para simular su presencia o aprovechando para pasar un momento agradable con su asesora 🙈... pero la realidad muchas veces supera la ficción y profundiza los fenómenos de crisis de representación que mencionábamos anteriormente. Ahora bien, la tecnología puede brindarnos mucho más que buen material para memes y horas de debate en las tertulias televisivas.

El principal desafío de los parlamentos del futuro es mejorar esa experiencia de representación fallida que vienen atravesando las sociedades occidentales, y eso es una parte importante de la batalla del futuro. Para hacerlo, es necesario acercar representantes con representados, transparentar el proceso legislativo e innovar en la toma de decisión. Para hacerlo, la tecnología puede ser una gran aliada.

Decenas de herramientas están siendo probadas en el mundo, especialmente por la sociedad civil, para aplicar tecnología a los parlamentos. Así, por ejemplo, los sistemas de chequeo de discurso mediante *machine learning* e inteligencia artificial permitirían brindar mayor calidad al debate parlamentario. Las distintas herramientas de seguimiento legislativo en línea, como es el caso de **dequesetrata.com.ar,** acercan al ciudadano a lo que sucede dentro del Congreso.

Al mismo tiempo, el *Blockchain* podría utilizarse tanto para realizar expedientes electrónicos de manera más segura y confiable como para encarar procesos de contratación pública sin corrupción, como veremos más adelante.

Por último, la utilización de *Big Data* para análisis de decisiones o las consultas ciudadanas online también podrían servir para acercar a los ciudadanos interesados al proceso de toma de decisión, lo cual no es violar el artículo 22 de la constitución, sino más bien salvarlo.

Pero incluso la mejor solución, si no está bien aplicada, puede redundar en la profundización de los problemas preexistentes. Así, aquella virtualidad que prometía acercar a los representantes terminó desnudando sus miserias. En algunos casos, incluso literalmente. Por eso, y ante el infundado miedo de una distopía robotizada, los humanos siguen siendo fundamentales para que la tecnología pueda ayudar a solucionar la crisis de representación que atraviesan nuestras democracias. La tecnología no va a reemplazar a los legisladores, pero **los legisladores que no sepan usar tecnología serán reemplazados por otros que sí.**

Señor legislador, si está leyendo esto, le recomendamos humildemente volver a la página 115 para aprender a programar.

La batalla por los datos

Thomas Hobbes es uno de los autores más importantes para comprender el pensamiento político occidental. Probablemente todos hayan escuchado hablar de él al menos en el colegio por su famosa obra *El Leviatán* (1651), y por su famosa frase *El hombre es el lobo del hombre*. No sabemos qué opinan ustedes, pero al menos en nuestro caso nos imaginábamos la figura de alguien que llegaba a afirmar esas cosas como alguien temerario, sin miedo, consciente de las consecuencias que implica ser un *lobo*, y actuando en consecuencia. Pero, en realidad, el amigo Hobbes era todo lo contrario: si tuviéramos que representarlo lo mostraríamos acurrucado debajo de una mesa ante el más mínimo ruido exterior. Él mismo llegó a escribir su teoría de cómo el miedo se había metido adentro de su cuerpo el día que nació, en 1588, cuando la Armada Invencible de Felipe II amenazaba con atacar su ciudad natal.

Como sucede con toda persona miedosa, Hobbes estaba obsesionado con el poder, y por eso dedica todo un capítulo de su obra cumbre a comprenderlo, llegando a la conclusión de que el poder de una persona determinada *consiste en sus medios presentes para obtener algún bien manifiesto futuro*. Dentro de esos medios, destaca uno: la información. De ahí la famosa idea de que *La información es poder*.

Los datos dominan el mundo

¿Quién no quisiera saber cómo se verá de grande? Tener al menos una mínima idea de qué imagen nos devolverá el espejo dentro de cincuenta años sería genial. Nosotros podemos hacerlo posible para usted. Lo único que tiene que hacer es sacarse una foto, subirla a nuestra app y ¡listo! Ya tenemos todos sus datos.

Para julio de 2019, 150 millones de personas ya habían usado una aplicación llamada FaceApp para ver su supuesto rostro envejecido, entregando a la empresa rusa Wireless Lab su nombre y los datos biométricos de su rostro, que bien podrían utilizarse por ejemplo para herramientas de reconocimiento facial. Los datos son valiosos… muy valiosos.

Justamente durante el auge de FaceApp en la Argentina visitamos a Fredi Vivas, CEO de Rocking Data, una *startup* que se dedica al análisis de datos. Junto con su equipo de trabajo, nos recibió en sus oficinas del barrio de Puerto Madero, el corazón de los negocios en la Ciudad de Buenos Aires. Desde allí, con una sonrisa contagiosa y luciendo unas divertidas medias a rayas sin zapatos, Fredi dirige una compañía que fundó con sus amigos Diego Oyola y Martin Maffioli y que factura doce millones de pesos al año mediante el análisis de datos. El sueño del emprendedor.

"Lo que se llama Big Data, el *cloud computing* y la alta capacidad de procesamiento son los *enablers* de la Cuarta Revolución Industrial. Es decir, aquellas herramientas que permiten que surjan muchas de las tecnologías que nos están cambiando la vida", empezó a contarnos Fredi mientras buscaba en la Smart TV una lista de reproducción del rapero Anderson Paak para musicalizar la charla.

Lo primero que necesitábamos saber era qué entendía él por *Big Data*, este concepto que tanto se ha escuchado en los últimos años, pero del que se entiende más bien poco y que provoca todo tipo de ideas.

"Hablar sólo de *Big Data* es como hablar de cemento y ladrillos para referirse al proceso de construir una casa. La *Big Data* en sí misma no es nada. Es un concepto que suena bien, pero en realidad de lo que estamos hablando es de la obtención, la gestión y el análisis de estos datos de una forma rápida para solucionar problemas o identificar oportunidades", comenta mientras se sienta en el sillón y nos ofrece un mate decorado con el logo de Rocking Data.

Pongámoslo de la siguiente manera: muy probablemente todos hemos estado alguna vez en una clase o una presentación en donde al expositor se le ocurrió la magnífica idea de mostrar una tabla kilométrica para ilustrar una idea o un concepto. Estos son actos de barbarie, verdaderos atentados contra la capacidad de prestar atención del público, acompañados de frases similares a "como se puede apreciar claramente en esta tabla...". *Claramente* se puede apreciar que el único que entiende la tabla es el expositor, que ya la vio varias veces y sabe dónde mirar, o en algunos casos ni siquiera eso. Para el que está más allá de la tercera fila de asientos, eso solamente es un conjunto desordenado de números sin ningún tipo de sentido. Datos que abruman, pero no información. Lo mismo sucede cuando abrimos una gran base de datos con todo tipo de variables sobre diversos temas y no sabemos muy bien por dónde empezar para sacar alguna conclusión de todo ello. La información es entonces la sistematización y la administración de esos datos, y eso es lo que verdaderamente brinda *poder* en el siglo XXI. Todos los individuos, empresas, organizaciones públicas y privadas que quieran destacarse en el siglo XXI no podrán obviar la importancia de los datos para tomar decisiones.

Los *commodities* del siglo XXI

Aunque esta no es su definición exacta, solemos usar la palabra *commodity* para referirnos a los bienes primarios y las materias primas que, por su propia naturaleza, nos podrían servir para derivar de ella una multiplicidad de productos.

"El dato es un *commodity*", nos comentó en nuestra visita Fredi Vivas. La información y los datos siempre han sido importantes para tomar decisiones, ya sea en el mundo de los negocios, la política o las campañas militares. En *El Arte de la Guerra*, Sun Tzu es claro: "Conoce al enemigo y conócete a ti mismo, y sobre tu victoria no caerán dudas; conoce el Cielo y la Tierra, y tu victoria estará asegurada del todo". La información es vital en todos los aspectos de una guerra, y es aquello que puede marcar la diferencia en un conflicto determinado. Siempre ha sido así, pero en los últimos años los datos han ido adquiriendo una importancia central por dos motivos: el primero tiene que ver con la cantidad de datos que producimos los seres humanos en nuestro día a día por el uso, principalmente, de los *smartphones* y las redes sociales. Nuestra ubicación, las cosas que nos gustan, las noticias que leemos, con quiénes hablamos y por cuánto tiempo, los videos que vemos, los lugares que visitamos o el tiempo que permanecemos en ellos son algunos de los datos que surgen de un día normal, y que voluntariamente cedemos a distintas compañías que trabajan con ellos. "Somos máquinas de generar datos". Eso, multiplicado por 365 días, por miles de millones de personas y sumado o cruzado con los datos que se recolectan en los censos o diversas encuestas genera un enorme potencial de análisis de información. El segundo elemento tiene que ver con que las compañías y los gobiernos demandan cada vez más datos duros para tomar decisiones.

Para reforzar esta idea, veamos algunas de las cosas que suceden en tan sólo 60 segundos en internet[29]:

---

29 Fuente: *Data Never Sleeps*

4.5 millones
de videos vistos en Youtube

390 mil
apps descargadas

41 millones
de mensajes de WhatsApp

188 millones
de mails enviados

18 millones
de mensajes de textos

694 mil horas
de contenido en Netflix

87 mil
personas tweeteando

995 mil dólares
gastados en compras online

3.8 millones
de búsquedas en Google

Pero ¿cuándo empezó esto? "El primer caso destacable de uso de *Big Data* es Google. De hecho, es la compañía que desarrolló esta tecnología y luego la liberó para que mucha gente pueda implementarla. Al hacer una búsqueda en Google, en la pantalla nos aparecen muchísimos resultados en nano segundos. Esos resultados son producto de enormes volúmenes de datos de todo tipo que pueden venir desde servidores ubicados por todo el mundo. Literalmente, lo que se propuso Google fue gestionar toda la información de la humanidad, y podemos decir que lo está logrando", afirma Fredi.

El antecedente de lo que hoy hace Rocking Data se encuentra en el *data mining*, o minería de datos, es decir, el análisis de una menor cantidad de datos en plataformas como Excel, que empezó a darse en los años noventa.

"Lo interesante del *Big Data* no solamente es el enorme volumen de datos, sino también las técnicas y metodologías que se usan para analizarlos y presentarlos al cliente. Estas técnicas permiten sacar un jugo mucho mayor de los datos que tenemos", nos cuenta Vivas.

Cuando Fredi ingresó a la carrera de Ingeniería en Sistemas, allá por 1999, ni siquiera existían empresas en el país que se dedicaran a esto, y si había en algún lugar del mundo, eran contadas con los dedos de una mano. Existieran o no, Fredi no las conocía, y mucho menos se imaginaba que terminaría trabajando y fundando una empresa relacionada con el *Big Data*, que por entonces podía sonar más al nombre de un rapero famoso que a una tecnología disruptiva. Esto es una característica más común del mundo laboral de nuestro siglo. Muchos de los que lean este libro probablemente trabajarán en cosas que aún no se han inventado, y eso implica una enorme serie de desafíos que trataremos más adelante, pero uno de ellos –quizá no el más importante pero sí bastante tedioso– tiene que ver con explicarle a la gente en qué trabajamos exactamente. "Rocking Data brinda servicios de análisis avanzado de datos para que las organizaciones privadas, ONGs y entidades públicas puedan tomar mejores decisiones. Es decir, conseguir, ordenar y analizar los datos, generalmente mediante tres técnicas: *data analytics*, *data science* e inteligencia artificial. Podríamos pensarlo como una pirámide donde el *data analytics* es lo más básico, el *data science* incluye un mayor nivel de complejidad relacionada con modelos predictivos y la inteligencia artificial implica un tercer nivel que lleva a la automatización", nos explica Fredi levantándose del sillón para buscar su pava eléctrica y rellenar el termo para el mate[30]. Allí es cuando surgió lo que bautizamos como *la teoría de la pava del futuro.*

La teoría de la pava del futuro

"¿Te gusta el mate? Bueno, imaginate una pava eléctrica. Podríamos empezar por ponerle sensores que nos envíen una notificación a nuestro *smartphone* cuando el agua está lista (Internet de las cosas). Eso nos serviría también para que la pava recopile y almacene información que nos permita responder algunas preguntas, como cuál es la temperatura que solemos usar para tomar el mate o en qué días y a qué hora lo solemos consumir (*Data Analytics*). Pero podemos ir un paso más allá y hacer que, con el uso, la pava desarrolle un modelo predictivo mediante el cual se encienda sola cinco minutos antes de la hora en la que yo suelo tomar mate (*Data Science*). Además, mediante la ubicación de mi *smartphone* puede identificar si estoy o no en mi casa y cuando estoy llegando, para que empiece a preparar mi mate y que esté listo apenas entro a mi hogar (Inteligencia artificial)".

Fredi Vivas. CEO y fundador de Rocking Data.

Amigo de oro.

---

30 Para aquellos que estén leyendo esto fuera de la Argentina o Uruguay y no comprendan nuestra desmedida adicción por el mate, la *pava* es un recipiente que se utiliza para calentar agua y se suele emplear para cebar mate.

Una de las cualidades más importantes para la docencia y la divulgación es la capacidad de transmitir contenidos complejos de una forma sencilla, y Fredi Vivas es un especialista en lograrlo. Por eso nos encontramos con él –allá por el 2019, cuando comenzábamos a escribir este libro– para entender mejor el mundo de *la data*.

Con el ejemplo de "la pava del futuro", nos dejó bien claros algunos conceptos de los que se habla mucho pero que no son simples de entender. Internet de las cosas, *Data Analytics*, *Data Science* e Inteligencia artificial. Cada escalón de la pirámide implica un nivel mayor de complejidad en cuanto al análisis de los datos y consecuentemente mayor automatización de los procesos. *La revolución de las pavas está cerca.* Pero esto no solamente sirve para tomar mates sin esfuerzo, sino que RockingData ha trabajado con grandes empresas, organizaciones, centros de salud e instituciones educativas con el fin de identificar dónde funcionan mejor sus productos y encontrar nuevas oportunidades de negocio, generando posibilidades reales de crecimiento para las compañías y ayudando a un uso eficiente de sus recursos. *¿Cuál es el mejor producto que puedo ofrecerle a mi cliente? ¿Qué clientes podrían dejar de comprarme y cuáles son los que más dinero me dejarán a fin de año?* Estas preguntas son algunas de las que más le hacen al equipo de Rocking Data cuando se acercan para contratar sus servicios. Para responderlas, vamos a usar la ciencia de datos y, ¿por qué no? *Big Data*.

Suena *Río Babel,* de Gustavo Cerati, y nuestro amigo especialista en datos y amante de la música aprovecha para contarnos que tiene una banda de rock en la que toca la batería y se aísla por un momento del fascinante mundo de los datos. Pero los datos están en todos lados.

Es imposible escaparse y eso enseguida lo lleva a recordar un ejemplo para seguir clarificándonos su punto: Spotify.

Spotify y Netflix son claros ejemplos de empresas que usan nuestros propios datos para mejorar la experiencia que tenemos en sus plataformas. Así, por ejemplo, cuando se nos recomienda una película, una serie o una canción, se hace sobre la base del análisis de lo que consumimos anteriormente. Cuanto más usemos la plataforma, más conocerá nuestros gustos y más atinadas serán sus recomendaciones no solamente sobre el contenido o los temas, sino también en qué días de la semana tenemos humor para ver qué tipo de películas o escuchar qué música, o que duración tienen las series que más elegimos. Todo esto se basa en datos. Spotify analiza, por ejemplo, los bits de las canciones que escuchamos, para determinar la velocidad de nuestros géneros favoritos. También, en función de los autores que más escuchamos, nos avisa cuando harán conciertos cerca de nuestra ciudad. De hecho, Spotify comparte muchos de nuestros propios datos con nosotros al finalizar cada año. Netflix también analiza qué tipo de portadas nos gustan más y adapta la presentación de la película en su página principal a nuestro gusto, pero para llegar a esa recomendación existen cientos de algoritmos y líneas de código en las que Fredi y sus socios trabajan.

"Desde que obtenemos un dato, lo organizamos y procesamos hasta obtener los *insights* y presentarlos de forma interactiva y dinámica existe todo un proceso complejo de programación que es lo que nos permite identificar, por ejemplo, que en una determinada zona geográfica de la Ciudad de Buenos Aires está creciendo un polo gastronómico aceleradamente, o comparar el desempeño de dos sedes distintas de una franquicia de comida rápida. Eso es transformar datos en información que es valiosa para empresas, en este caso, de alimentos o bebidas. Convertir esa información en una recomendación de negocio es ir incluso un paso más allá, y eso hoy por hoy podría hacerse de forma automática usando inteligencia artificial". 😮

Pensemos en las enormes potencialidades que tiene esto para el desarrollo de políticas públicas como, por ejemplo, la prevención de la deserción escolar. "Con los datos que usualmente nos piden a los padres en los colegios, y algunos más que podemos obtener de estadísticas oficiales, podríamos usar *Data Analytics* para comprender mejor las características de los alumnos que no terminaron la educación secundaria. Usando *Data Science* también podríamos predecir cuáles son los alumnos que tienen más probabilidades de deserción escolar y, mediante la inteligencia artificial, un *software* puede comparar agendas y coordinar una reunión automáticamente con sus padres para evitar que se produzca ese abandono temprano del sistema educativo".

Resulta evidente, entonces, que el uso de *Big Data* para desarrollar y ejecutar políticas públicas permite un manejo mucho más eficiente y focalizado de los recursos –escasos– del Estado, así como de cualquier compañía, si lo pensamos en el ámbito privado. Allí radica la gran importancia de los datos en la economía del futuro presente.

¿Quién se ha robado mis datos?

Como muchos ya estarán pensando a esta altura, y probablemente más los que ya hayan visto la serie *Black*

Mirror[31], en el mundo de los datos no todo es felicidad y mirar series lindas. Existen también enormes desafíos que como sociedad tenemos que enfrentar ante el avance masivo de esta tecnología.

Podríamos preguntarnos, por ejemplo, ¿de dónde salen los datos que se usan para hacer estos análisis? "Rocking Data puede usar tanto datos internos como externos. Los primeros son aquellos que brinda el propio cliente gracias a su actividad en el mercado. Por otro lado, los datos externos pueden conseguirse de diversas fuentes y en la mayoría de los casos de forma gratuita. Así, por ejemplo, todas las redes sociales tienen portales a los que se puede acceder libremente para consultar algunos datos agregados sobre los hábitos de los usuarios, desde luego sin identificar a nadie. Lo mismo sucede con las estadísticas oficiales de países o ciudades. Las iniciativas de gobierno abierto que tienen muchas instituciones estatales son una fuente de información enorme si sabemos utilizar esos datos", nos explica Fredi, aclarando rápidamente que existe un fuerte componente ético a la hora de manejar datos de terceros, y líneas que como empresa no están dispuestos a cruzar, aunque haya otras que sí hayan decidido hacerlo.

"Entiendo que todo esto es algo tan nuevo que genera preocupación en la sociedad y en las empresas. Rocking Data nació el mismo año que se conoció el escándalo de Cambridge Analítica, donde se pasó un límite ético, pero una cosa es preocuparse y otra muy distinta es pensar que puede prohibirse el uso de la *Big Data*. El gran desafío que tenemos por delante es trabajar en regulaciones que protejan los datos y la privacidad de las personas".

---

31 Si todavía no la vieron, no sabemos qué están esperando.

Seamos sinceros, ¿cuántos de nosotros leímos alguna vez los términos y condiciones de todo lo que aceptamos día a día al manejarnos en internet y las redes sociales? O más aún, ¿cuántos de nosotros estamos dispuestos a no tener redes sociales para proteger nuestros datos personales? Acá se produce un interesante dilema ético.

"Lo que no tenemos que hacer es generar una paranoia alrededor de la *Big Data*. Es una herramienta que puede ser muy útil si la usamos para hacer el bien. Hoy, poder pensar en términos analíticos en relación a enormes volúmenes de datos es una habilidad clave en cualquier trabajo, y cada vez más", deja en claro Fredi, cuyo teléfono celular no para de vibrar luego de una hora de charla. "Pero cuidado. Como ciudadanos y usuarios tenemos que ponernos ciertos límites en el uso de la tecnología para que no se transforme en un problema. No podemos generar una dependencia extrema de esos datos", comenta, recordando lo difícil que le resulta ubicarse en la Ciudad de Buenos Aires cuando se le queda el teléfono sin batería.

Otro gran desafío tiene que ver con cómo gestionamos la cantidad de información que recibimos a diario gracias a estos datos. Notificaciones de todo tipo, mails, recomendaciones que pueden provocar ansiedad y desviar el foco de lo que estamos haciendo, por ejemplo, leer este libro[32].

Resulta extraño pensar que algo que no existía hace unos años es hoy una herramienta clave para el desarrollo de muchas empresas alrededor del mundo, principalmente porque los cambios que está provocando resultan difíciles de dimensionar. "Yo veo un futuro donde ya no

---

32 Sí, vos. Alejá un poco tu celular, que ya lo miraste como cinco veces antes de terminar este capítulo. (No, no te estamos observando, fue pura intuición).

hablemos más de *Big Data* sino de *Huge Data*, potenciada por el 5G e Internet de las cosas. Es decir, donde todo lo que hagamos en el día a día, desde ir al trabajo hasta tomar un mate o guardar una botella en la heladera, genere datos, que vamos a usar como insumo para hacer nuestra vida más sencilla, identificar oportunidades de negocio o hacer eficientes los recursos".

Abandonamos el edificio de Puerto Madero con muchas respuestas, pero también con más preguntas y con dos certezas. La primera es que los datos se han convertido en un elemento clave en la economía del futuro. Como nos decía el propio Fredi Vivas, todas las empresas (y no sólo las de tecnología), serán en el futuro empresas de datos. Cualquier compañía, para seguir funcionando, necesitará mirar sus propios datos y otros externos y resulta fundamental comprenderlo para aprovechar las enormes oportunidades que genera en todos los ámbitos. La segunda es que algún día nosotros, o alguno de nuestros lectores, creará la pava del futuro, para que tomar mate se vuelva algo mucho más sencillo.

Todos nosotros somos máquinas de producir datos, ya sea en nuestra vida estudiantil, laboral o personal, y si usamos esos datos responsablemente, pueden hacernos la vida un poco más sencilla y ayudarnos con nuestros proyectos. ¿Qué estás esperando para empezar a usar inteligentemente tus datos?

La batalla por el espacio

Un libro que tenga por nombre *La Batalla del Futuro* no puede obviar la afirmación de que dicha batalla no se dará solamente en el planeta Tierra. Estamos convencidos de que en un futuro cercano nuestra relación con el espacio exterior será más directa y crecerá exponencialmente, en ámbitos que incluso nos cuesta imaginar.

Por eso decidimos entrevistar a Pablo de León, un ingeniero aeroespacial con una trayectoria más que envidiable, que trabaja nada menos que en la NASA y que tenemos el gran honor de que sea argentino.

La historia de Pablo es doblemente interesante para el tema que estamos abordando, no solamente porque es de los mayores expertos que tiene el país en este rubro, sino también porque, como él mismo nos cuenta mediante audios de WhatsApp, era una persona que por el contexto en el que creció "tenía muy pocas posibilidades de terminar trabajando para la NASA". Sin embargo, la perseverancia y la pasión a la hora de perseguir su sueño lo llevaron a donde está hoy. De alguna manera demuestra lo que nos encanta decir: todos podemos cambiar el mundo... o el espacio. Pero bueno, basta de introducción. Los invitamos a disfrutar de esta entrevista a una de las figuras más importantes de nuestro país. Con ustedes, Pablo de León.

"La temática espacial me interesó desde que tengo uso de razón. Yo crecí en la segunda mitad de los 60 viendo la carrera espacial entre Estados Unidos y Rusia desarrollarse. Hasta en las calles de mi Cañuelas natal se podía escuchar hablar del tema casi a diario".

En esa época, la Argentina también tenía un interesante proyecto de desarrollo espacial, que ya había puesto por ejemplo al mono Juan y al ratón Belisario en un cohete en 1969 y 1967 respectivamente. "Yo soñaba con ser parte de ese programa espacial, que lastimosamente se fue apagando de a poco" nos cuenta Pablo desde algún rincón de los Estados Unidos. Pero el destino tenía preparadas algunas otras sorpresas para este joven soñador cañuelense que armaba sus propios cohetes con lo que encontraba a mano en su casa. Una actividad, por cierto, un tanto peligrosa, que no recomienda hacer sin la supervisión de adultos. Si él lo dice... 😱

"Gracias a la cohetería descubrí mi amor por la física y la matemática. Fabricar cohetes experimentales es un mecanismo más que válido y efectivo para introducir a los más jóvenes en la ciencia y tecnología, que creo que todas las escuelas deberían replicar", nos dice, recordándonos que en Estados Unidos los famosos kits para fabricar cohetes pueden conseguirse a precios muy accesibles en cualquier supermercado, lo cual genera fuertes incentivos para aprender algo más de física y matemática, más allá de la obligación de estudiar para no recibir malas notas, que nunca suele ser un incentivo lo suficientemente exitoso.

Eventualmente, este niño que lanzaba cohetes creció y tuvo que decidir anotarse en una carrera universitaria que lo dejara lo más cerca posible de ser astronauta algún día. Y así fue. "Sin saber mucho inglés, decidí irme a estudiar a Estados Unidos, con la convicción de que iba a volver a trabajar en el programa aeroespacial argentino". Paradójicamente, cuando se recibió, las repetidas crisis económicas de fines de los 80 y principios de los 90 que se desarrollaron por estas latitudes llevaron a la suspensión del proyecto de cohetería más importante de nuestro país, y una de las grandes esperanzas de nuestro amigo. Así fue como Pablo decidió quedarse en el exterior, para cumplir un sueño que nunca llegó a imaginar en sus años de cohetes caseros y conversaciones sobre la carrera espacial en su querida Cañuelas.

El renacimiento espacial

Las décadas de 1950 y 1960 fueron quizás la época de oro de la industria aeroespacial. Miles de niños como Pablo crecieron fascinados por el entusiasmo que generaban los avances en esta industria, que tuvieron su cénit en julio de 1969 cuando Neil Armstrong fue el primer ser humano en poner un pie en la superficie lunar.

La cultura de la época lo retrata a la perfección. Miles de películas, cómics e historietas marcaron a una generación que se obsesionó con la idea de convertirse en astronautas e ir al espacio. Sin embargo, por alguna razón, con el tiempo esta temática fue desapareciendo de las conversaciones cotidianas de las personas. Hasta ahora.

"En este momento se está viviendo un renacimiento importantísimo en el campo espacial, en parte gracias a las misiones de empresas privadas como las de SpaceX" Nos cuenta Pablo, notablemente entusiasmado por la situación.

"Tanto Jeff Bezos (director de Amazon y de la empresa de transporte aeroespacial Blue Origin) como Elon Musk (director de SpaceX) están imbuidos de la idea de que la industria espacial es fundamental para el progreso de la humanidad, y por eso están haciendo cosas que la misma NASA no puede hacer" nos dice Pablo. Quizás esta suerte de idealismo apasionado de Bezos y Musk por esta industria es comparable con la sensación que nos transmitió la generación de Pablo, criada a mediados de los 60.

Este renacimiento vuelve a generar expectativas sobre cambios fundamentales en la historia de nuestra especie, como una posible colonización de Marte. De acuerdo con Pablo, "ya tenemos los medios técnicos para poder hacer viajes de larga duración que nos permitan llegar a otros planetas, aunque todavía desde el punto de vista económico no tengamos grandes incentivos para hacerlo".

Quizás la curiosidad de la especie humana por visitar, entender y conocer qué es lo que hay más allá de nuestro planeta no sea suficiente para financiar los proyectos y las expediciones carísimas que, como dice Pablo, ya estamos en condiciones técnicas de realizar, pero él mismo nos abre una posibilidad interesante: "En 1492, Cristóbal Colón llegó a América buscando especias y terminó encontrando un continente que desde todo punto de vista terminó siendo más poderoso que la propia Europa. Quizás con el espacio suceda algo parecido". Nos voló la cabeza.

Además, de alguna forma la especie humana debería poder garantizarse una especie de "Plan B" para continuar existiendo más allá de nuestro ya bastante maltratado planeta, y para Pablo, que sabe de esto muchísimo más que nosotros "Marte podría convertirse en un segundo lugar donde una parte de la especie humana va a terminar viviendo, en condiciones diferentes a la Tierra".

Como si estas razones fueran pocas para mirar con más atención a la industria espacial, Pablo nos da una más, que tiene que ver con todos los inventos desarrollados por ella, que luego son parte de nuestra vida cotidiana. "El porcentaje de inventos desarrollados por la industria espacial que luego se trasladan a los usos cotidianos de la población es muy alto. Incluso es mayor a los de la industria bélica, que siempre suelen citarse. Estamos hablando de un cúmulo de desarrollos que tienen un uso diario y constante, como el GPS, los sensores de oxígeno o los detectores de incendios, por ejemplo".

Los beneficios de esta industria son incontables, pero no son nada comparados con los que vamos a recibir en un futuro cercano. Por eso, es fundamental que empecemos a ver esta industria como una posibilidad real para el desarrollo económico, tanto a nivel privado como a nivel estatal, y en este caso, otra vez, la Argentina tiene un potencial enorme.

"A pesar de todas nuestras crisis, seguimos siendo el país número uno en desarrollo espacial dentro de América Latina, incluso por encima de Brasil. De hecho, ARSAT 1 y 2 son dos satélites de altísima complejidad, y haberlos desarrollado nos pone a la vanguardia regional"

Obviamente, cuando hablamos del potencial del espacio, estamos hablando de –literalmente– una infinidad de posibilidades. En estas breves líneas, con Pablo intentamos contarles por qué, aunque parezca algo un tanto lejano y no tan necesario, la exploración espacial en profundidad es un pilar fundamental para el desarrollo de nuestra especie a mediano y largo plazo, tal como lo fue la conquista de América para Europa.

¿Todavía pensás que es algo de menor importancia?

Capítulo 5

\<La batalla cultural: cambiar para cambiar el mundo\>

Hasta acá vimos cómo la tecnología está cambiando al mundo en todos sus aspectos y con una rapidez e intensidad nunca vistas. Conocer el terreno es un aspecto fundamental para cualquier batalla, pero sólo con eso no alcanza.

La batalla del futuro tiene la dificultad extra de que es una batalla que debemos dar contra nosotros mismos. No hay enemigos malvados a los que tenemos que derrotar, sino que la lucha es en gran parte contra nuestra propia idea de que hay sólo una forma correcta de hacer las cosas, de que para cambiar el mundo necesitamos ser ingenieros superdotados y que, si no logramos nuestro objetivo a la primera, somos unos fracasados, entre muchas otras cosas.

Viendo esto, podría parecer que cambiar el mundo está un poco lejos de nuestro alcance. Es decir, todos estos procesos están fuera de nuestro control directo, y muchas veces pueden hacernos sentir indefensos y perdidos ante un mundo que cambia aceleradamente. Saber que ya no hay nada por inventar puede ser una frustración, y por momentos provoca la sensación de que lo único que podemos hacer es dejarnos llevar por este ritmo acelerado que adquiere la tecnología.

Sin embargo, sí hay algo que podemos hacer, sin importar que no seamos ingenieros nucleares, supergenios o astronautas. Cambiar el mundo es mucho más que enviar un cohete al espacio o inventar la computadora del futuro. Es una tarea mucho más simple y compleja al mismo tiempo, porque implica cambiar nuestra actitud hacia la realidad que nos rodea, y por ende hacia la tecnología.

La batalla del futuro, como decíamos, es una batalla interna –cultural– que implica un cambio de actitud para poder lograr nuestro objetivo último, que es cambiar el mundo. Esto es mucho más posible de lo que la mayoría cree.

Para cambiar nuestra realidad y la de aquellos que nos rodean es necesario convertirse en agentes de esa transformación, es decir, en impulsores de una nueva forma de hacer las cosas en lugar de estancarnos y aferrarnos a lo ya conocido. Este es, quizás, el cambio más importante que tenemos por delante, porque es nuestra actitud y nuestras costumbres. Parece evidente que, si el mundo está en una transformación sin precedentes, no podemos seguir haciendo las cosas de la misma manera.

Lo fascinante de este cambio es que nos afecta a todos por igual: empresarios, empleados, profesores, alumnos, políticos, periodistas, funcionarios, deportistas, artistas. Todos podemos transformarnos en impulsores y agentes del cambio –o al menos intentarlo–. Por eso, en las siguientes páginas proponemos una serie de consejos y recomendaciones que consideramos esenciales para encarar el mundo que es, cada vez, más presente que futuro. **La difícil tarea de cambiar para cambiar el mundo.**

Muchas de las recomendaciones o ideas están vinculadas con la tecnología y cómo transformarla en nuestra fiel aliada para este cambio, en lugar de verla como una enemiga que amenaza con quitarnos el trabajo y volvernos más solitarios, individualistas e incomunicados. Muchas otras no tienen que ver directamente con la tecnología, sino que son una consecuencia de los cambios que se han producido en el mundo y que nos obligan a adoptar una actitud distinta hacia aquello que nos rodea.

Lo importante es saber que todos y cada uno de nosotros puede cambiar el mundo sin necesidad de ser astronauta.

El anticapítulo: el camino del futuro por Doña Petrona

Cuando uno es pequeño, cualquier objeto que tiene la suerte o la desgracia de encontrarse al menos momentáneamente a nuestro alcance adquiere la forma de un juguete. Esa capacidad no debería perderse nunca. Imagínense si hoy miráramos los utensilios de la cocina con los mismos ojos divertidos de la infancia, y no con el fastidio que provoca tener que cocinar cuando llegamos a nuestra casa y sólo encontramos en la heladera un pote –por la mitad– de queso blanco cremoso[33].

En nuestra infancia, nuestra madre aún conservaba un libro ancho, de hojas amarillas y de textura rugosa. Cada vez que, revolviendo los estantes de la cocina, dábamos con este juguete con forma y peso digno de un ladrillo, una buena cantidad de polvo comenzaba a flotar en el ambiente. Ese ladrillo, que fue usado más de una

---

33 Por alguna razón extraña y desconocida ese pote siempre está ahí. Y siempre lo estará.

vez como un proyectil en las batallas sin cuartel de nuestra niñez, tenía nombre propio y de mujer. Con el tiempo descubrimos que **"DOÑA PETRONA"** no era otra cosa que un libro de cocina. Para aquellos que nunca han tenido la suerte de estar en contacto con este tipo de literatura ladrillosa, su particularidad es que nos proporciona una lista detallada de insumos que requerimos y pasos que debemos seguir si queremos que un plato de comida salga muy mal –solamente unos pocos virtuosos, o suertudos, consiguen preparar las recetas con éxito–.

Así que muy bien amigos, ha llegado el momento más esperado: DOÑA PETRONA acaba de aterrizar al mundo emprendedor, y en las próximas páginas vamos a resumir en tan sólo cinco simples pasos cómo ser un emprendedor tecnológico exitoso.

Cambiar el mundo es fácil. Es sencillo. Todos podemos hacerlo y además deberíamos hacerlo porque emprender es el futuro. ¿Te cae mal tu jefe? ¿No te gusta tu trabajo? ¿No te levantás motivado por las mañanas? Nosotros tenemos la solución: dejar tu trabajo y volverte millonario, exitoso, guapo y feliz. Lo único que tenés que hacer es comprar este libro, seguir las recetas que se encuentran en su interior y... ¡voilá! En menos de dos semanas estarás disfrutando los beneficios de emprender, o te devolvemos tu dinero. (Bases y condiciones en la web de...).

Por si no se notó el sarcasmo utilizado recién, lo aclaramos: si pudiéramos desarrollar la tecnología para que este anticapítulo sea autodestruido apenas se termine de leer, no queden dudas de que lo haríamos. No afirmamos ni negamos haberlo intentado. Pero, ante este límite técnico, simplemente les vamos a rogar que se olviden de todo lo que han leído. O más bien, que lo recuerden como una vil mentira.

Una vil mentira sobre la que se han escrito, por cierto, cientos de libros y artículos en páginas de internet, revistas y periódicos. Una vil mentira que alimenta lo que podríamos llamar "El mito del emprendedor" y que, según entendemos desde nuestra humilde perspectiva, no hace más que perjudicar y malinterpretar esta profesión.

La abuela contra los gurú del emprendedurismo

Siguiendo en la temática culinaria, que por alguna razón se está volviendo cada vez más recurrente en estas páginas, hemos pasado navidades enteras pidiéndole a nuestra abuela la receta de sus empanadas gallegas, o los secretos para hacer una buena tortilla, sin obtener ningún tipo de resultado. La respuesta siempre es la misma: "No sé cuántos gramos o kilos de tal o cual ingrediente necesitás. Más o menos un puñado..." ¿Qué es un puñado? ¿Cómo se mide? ¿Quién le dijo que tenía que ser así?

Luego de un par de preguntas insistentes en el mismo sentido, la abuela volvía una y otra vez al mismo comentario, que no respondía nuestras inquietudes culinarias inmediatas, pero sí nos daba un puñado de esperanza:

"Hay que ir viendo. La primera vez te va
a salir mal, la segunda probablemente
también. A la tercera ya vas a aprender".

"Ir viendo", es decir, prueba y error.

La eterna sabiduría de la abuela estaba en lo cierto una vez más, y tenía la sencillez y la universalidad de alguien que, en lugar de ir a las mejores universidades, se dedicó a vivir la vida. No queremos decir de ninguna manera que ir a las mejores universidades signifique no vivir la vida, pero sí es importante que dejemos de creer que la educación convencional es la única fuente de conocimiento y aprendizaje. De hecho, rara vez lo es.

La mayoría de las cosas que aprendemos en nuestra vida, las aprendemos mediante la experiencia práctica, y no desde el conocimiento teórico. La forma en que aprendemos a caminar es el ejemplo más típico. Nadie nos explica todos los fenómenos físicos que se dan cuando apoyamos los dos pies en el suelo e intentamos hacer equilibrio para mantenernos erguidos. Simplemente en algún momento de nuestra vida lo intentamos, con la ayuda de nuestros padres, que luego nos soltarán las manos y verán cómo nos caemos directamente de boca al piso, y tras una breve y aterradora pausa nos largamos a llorar como si esa caída hubiera sido lo más terrible que hayamos vivido jamás en nuestra corta vida. Miles de manuales sobre cómo aprender a caminar no servirían de nada si antes no nos caemos un par de veces al piso. Algo muy similar sucede con los idiomas. Podemos pasarnos años en alguna academia tomando clases y completando hasta el hartazgo ejercicios del estilo de:

Most of entrepreneurship books _ _ _ _ _ (is/are) bullshit.

O estudiando modelos de exámenes internacionales que certifiquen lo que sabemos, pero nunca aprenderemos tanto como si pasáramos una temporada en un país donde se habla otro idioma y nos viéramos obligados a comunicarnos de alguna manera.

El conocimiento teórico es importante, pero no puede reemplazar el saber práctico de prueba y error que nos enseñó la abuela. En las culturas orientales, la experiencia y los caminos personales que atravesamos para alcanzarla son mucho más importantes que cualquier doctrina. Incluso, los antiguos griegos, posicionaban la *fronesis* (que se podría traducir como *sabiduría práctica*) en un lugar muy importante. En su libro *Ética a Nicómaco*, Aristóteles afirma:

> Debemos prestarle tanta atención a las opiniones de los sabios mayores como a las demostraciones de los hechos, ya que ellos tienen la percepción de su experiencia que los ayuda a mirar correctamente la realidad.

Nuestra sociedad les da una exagerada importancia a la racionalidad, las doctrinas, el saber teórico y, especialmente, a las recetas. Puede resultar cómodo o reconfortante saber que, siguiendo determinados pasos, vamos a lograr el resultado que queremos, pero eso no suele suceder. Por eso, este libro no es un exponente de la literatura ladrillosa. **No pretendemos darles una receta sobre cómo emprender en X simples pasos para alcanzar el éxito.** Leerlo de esa forma sería malinterpretar y, a nuestro juicio, desaprovechar su contenido. Además, no solamente estaríamos engañándolos a ustedes, también nos estaríamos mintiendo a nosotros mismos.

Por el contrario, este libro se inspira más bien en la sabiduría de la abuela. Como pasa con las mejores empanadas que probamos en la vida, no hay una receta para emprender, justamente, porque las recetas buscan retratar un escenario ideal y teórico que en la realidad no existe, porque la realidad es demasiado compleja como para describirla y sintetizarla en 300 páginas, o 10 ingredientes y X simples pasos.

Es posible que las empanadas de la abuela no hubieran pasado el escrutinio riguroso del jurado de un show televisivo de cocina, pero podemos asegurarles que nunca probamos algo igual, y probablemente ustedes opinen lo mismo de la comida de sus abuelas. Piénsenlo por un momento: ni el restaurante más caro y refinado de Buenos Aires puede ofrecerles la sensación infinita de felicidad que podría generar volver a comer la comida que hacía la abuela. De esto se trata.

A continuación, ofreceremos de manera muy humilde algunas ideas, herramientas o consejos que nos han servido en nuestro camino y que hemos aprendido de las experiencias de otras personas con las que hemos conversado durante este año y medio, para aquellos que quieren emprender y no saben por dónde empezar. Algunos puntos son más bien prácticos y concretos, y otros un poco más profundos, que ustedes mismos deben experimentar y comprobar. Como decía Tusam: puede fallar.

Además, les pedimos que, si tienen sugerencias, ideas o herramientas las compartan usando el hashtag #LaBatallaDelFuturo en Twitter o Instagram.

Hemos decidido llamarlo camino, o ruta, porque de eso se trata emprender. La diferencia entre camino y pasos es sutil, pero es muy importante. Una lista con una serie de "pasos" no logra retratar la complejidad que implican los obstáculos que hay en los verdaderos caminos. Los que alguna vez se han quedado sin batería en el teléfono o tienen la edad suficiente como para haber preguntado direcciones en la calle sabrán perfectamente de lo que hablamos. Los caminos están llenos de dificultades, curvas, baches, bifurcaciones en las que no sabemos qué ruta tomar, y que además pueden cambiar de un día para el otro.

El objetivo de este camino es brindarles una serie de ideas que puedan ayudarlos a cambiar, o al menos repensar, la forma de encarar el trabajo, el estudio o los pasatiempos, aprovechando las oportunidades que nos brinda la ya instalada Cuarta Revolución Industrial que describimos en la primera parte. Para nada pretendemos que identifiquen estas ideas como una serie de instrucciones que deben seguir a rajatabla. Al fin y al cabo, si lo que buscan es aprender a caminar, deberán golpearse un par de veces la cara contra el piso.

Estamos profundamente convencidos de que, en lugar de consultar a tantos gurúes y comprar tantos manuales, deberíamos hablar un poco más con la abuela.

El camino: los hábitos del futuro

Todo lo que venimos contando no deja lugar a dudas de que los grandes cambios tecnológicos que se están produciendo generan muchos efectos en quienes los estamos viviendo. El espíritu de este libro es intentar demostrar la dimensión real, y muchas veces intangible, de los cambios que ocasionan en nuestras vidas. Tal vez no lleguemos a dimensionarlo por el enorme alcance y la velocidad de la tecnología, pero si algo resulta evidente es que los seres humanos a lo largo y ancho del planeta estamos cambiando nuestros hábitos y nuestra forma de pensar como nunca antes en la historia de la humanidad, y en un periodo muy corto.

Por eso, para librar la batalla del futuro consideramos que hay ciertas ideas que deberíamos comenzar a incorporar en nuestro día a día, ya que en el mundo tecnológico en el que vivimos van a ser cada vez más importantes. Esto no quiere decir que no fueran buenos hábitos anteriormente, pero sí que ahora se están volviendo cruciales.

Estos hábitos son seis:

- El primero tiene que ver con algo que en otras culturas es mucho más común que en la nuestra, y es la reivindicación del fracaso, lo cual también implica **perder el miedo a fracasar**, uno de los más terribles karmas de nuestro tiempo para quien desea comenzar su propio proyecto y no se anima, ya sea dejar todo e iniciar una carrera musical o proponer algo en el trabajo.

- El segundo, muy relacionado con el anterior, se basa en **la perseverancia**, y vamos a referirnos a ella más adelante en este libro bajo el título *El invento de los mil pasos*, haciendo honor a nuestro amigo **Thomas Edison**. El fracaso genera frustración y la frustración nos lleva muchas veces a dejar de intentarlo, pero si estamos convencidos, no podemos bajar los brazos. No es frase de autoayuda: en el futuro se valorará cada vez más la capacidad de tolerancia al fracaso y de **volver** a intentarlo para encontrar soluciones nuevas a los problemas de siempre.

- El tercer hábito es **la creatividad.** Muchos de ustedes pueden estar pensando que, sencillamente, hay personas que son creativas y otras que no, pero lo cierto es que esa habilidad puede fomentarse y trabajarse. Esto resulta crucial si tenemos en cuenta que es una de las habilidades del futuro según el *World Economic Forum.*

- La cuarta habilidad del futuro tiene que ver con **el desarrollo de competencias multiculturales,** o empezar a entender que la Tierra se está aplanando *(no enloquecimos, más adelante hablaremos de esto* 😜 *).* En un mundo cada vez más interconectado, esto es esencial..

- La quinta característica es **aprender a pensar en términos de lo improbable.** Estamos demasiado acostumbrados a creer que las cosas que sucederán en el futuro son "esperables", y que las formas en que las cosas se hacían en el pasado se repetirán en el futuro.

- La última idea o hábito del futuro tiene que ver con **ser un poco más ingenuos y animarse a soñar en grande.** El ser humano se viene demostrando a sí mismo que tiene la capacidad de lograr cosas que ni siquiera hubiera soñado jamás. La tecnología nos da aún más herramientas para amplificar nuestro ingenio e ir más allá de nuestros límites. ¿Por qué no intentarlo?

Los hábitos del futuro tienen que ver con habilidades que no siempre se nos enseñan. En algunas personas son innatas, y en otras se van aprendiendo con el tiempo, en función de su camino personal de vida. Sería bueno que el sistema educativo las promoviera –aunque muchas veces sólo las desincentiva sin darse cuenta 😟 –, ya que serán claves para dar la batalla del futuro.

La poeta española Elvira Sastre dice que, para ganar una guerra, lo primero que tenemos que hacer es quitarnos los escudos. Con la batalla del futuro sucede algo parecido. Es imprescindible que nos quitemos todos aquellos escudos que nos hacen resistirnos a lo nuevo por el simple hecho de que no estamos acostumbrados a eso, nos genera ansiedad o creemos que nunca vamos a poder aprender. Estos viejos hábitos, defendidos por fuertes escudos, nos aferran al pasado y a una forma de hacer las cosas que de a poco va quedando obsoleta en un mundo que cambia aceleradamente. Por eso, es hora de dejar a un lado los escudos y comenzar a librar esta batalla.

Reivindicando el fracaso

Los argentinos, y las culturas latinas en general, sienten un profundo miedo al fracaso y especialmente a aquellos que fracasan. Los fracasados son señalados y marcados por la sociedad como personas que no han sabido hacer bien las cosas. Han intentado, han fallado y, por ende, si lo vuelven a intentar, volverán a fallar, porque si no han sabido hacerlo bien la primera vez, tampoco podrán hacerlo bien la segunda o tercera.

¿Cómo puede ser que todavía haya quienes digan que el paso de **Lionel Messi** por la Selección Argentina fue un fracaso? 🙄 ¿Y que muchos de quienes lo dicen sean aquellos que no podrían hacerle un gol ni al mismísimo arcoíris?

Puede gustarnos más o menos como juega **Messi**, pero, objetivamente, no es un fracasado. Si en la fatídica final del Mundial en el Maracaná **Mario Gotze** se hubiera levantado con indigestión porque le sentó mal la *feijoada* de la noche anterior, o el juez de línea se hubiera distraído un segundo mirando la tribuna y no se hubiera percatado del *offside* de **Gonzalo Higuaín** en el gol anulado del primer tiempo, **Messi** y compañía hubieran dejado de ser fracasados. Muy por el contrario, serían héroes nacionales. Nuestro problema, o más que problema llamémoslo "característica", es que somos altamente resultadistas. Esto quiere decir que prestamos más atención al resultado final que al proceso que derivó en ese resultado.

Los resultados, tanto en el mundo de los negocios como en el deporte, en la política e incluso en el sector académico, tienen un importante componente de azar, entendido como haber estado en el lugar correcto en el momento indicado. Una pelota que pega en el palo y entra al arco o se va afuera no puede definir un proceso como un éxito o un fracaso. Un candidato que pierde una elección por diez mil votos no es un fracasado, de la misma forma que un emprendedor que no logró comercializar un producto tampoco lo es. **La genialidad ajena y el fracaso propio son muchas veces las excusas que nos ponemos a nosotros mismos cuando no nos animamos a hacer algo.**

Lo más importante no suele estar en el resultado, sino más bien en los procesos, pero sigamos con el ejemplo futbolero. Es cómodo para todos pensar que **Lionel Messi** es un superdotado, futbolísticamente hablando. De hecho, nadie negaría que tiene una habilidad muy superior a la media.

Ahora bien, detengámonos en algo mucho más específico, como los tiros libres. **Messi** debutó en el Barcelona en octubre de 2004, pero su primer gol de tiro libre llegó recién en 2008, y hasta 2011 sólo había hecho 4 goles oficiales en jugadas de pelota parada. Solamente en 2018 hizo 10 goles de tiro libre, es decir que casi triplicó en un año lo que había hecho en los primeros siete años de su carrera.

Cualquiera que hubiera visto el desempeño de **Messi** en tiros libres en 2011, sin entender mucho de fútbol, hubiera preferido darle la pelota a otro para este tipo de jugadas. Sin embargo, todos esos tiros libres errados fueron aprendizaje y práctica. Hoy **Messi** es de los mejores pateadores de pelota parada del mundo, no sólo porque tiene una habilidad especial, sino porque antes erró muchas veces. Para algunos esto hubiera sido un fracaso digno de dejar de intentarlo.

En otras culturas, como la anglosajona o la japonesa, el fracaso, que más bien se denomina "fallo", es visto como algo positivo. O más bien, como *algo de lo que se puede aprender*. Por eso, de ninguna manera significa el fin de una etapa, sino más bien un paso más de un camino. Tanto es así que en 2012, en México, comenzó la iniciativa de FuckUpNights, un movimiento que reivindica el fracaso mediante una serie de eventos donde se comparten historias poco felices del camino emprendedor. Paradójicamente, la iniciativa fue un éxito que dura hasta hoy, y esto es porque **el fracaso es una parte esencial del éxito de un emprendimiento**. Si se encuentran con alguien que les dice que nunca fracasó en su intento por emprender, desconfíen.

Según distintas observaciones, de cada diez empresas que se crean, nueve cierran en el brevísimo periodo de cinco años, debido a que lograr instalar un producto, una marca o un servicio es de las tareas más complicadas a las que nos podemos enfrentar, especialmente si no conocemos todo lo que implica administrar un negocio. Por lo que las probabilidades de fracasar son más altas de lo que la mayoría de nosotros pensamos.

Cuanto más fracasamos, más sabios somos, porque aprendemos del mejor manual: nuestros propios errores. Los fracasos ajenos pueden darnos una idea de por dónde no hay que ir o qué cosa no hay que hacer, pero sólo los propios nos van a convencer realmente de cuál es el camino que debemos tomar.

El invento de los mil pasos

Si hay alguien que puede ser considerado un inventor exitoso en la historia de la humanidad, ese es **Thomas Alva Edison**. Este célebre personaje, nacido en Ohio en 1847, es considerado incluso el inventor más importante de Estados Unidos, habiendo registrado nada menos que 1.093 patentes a su nombre, solamente en su país natal. Entre sus inventos más importantes se encuentran el fonógrafo, la cámara de cine, la máquina de voto y una batería para un automóvil eléctrico, a principios del siglo XX.

Pero el invento que nos concierne ahora es uno que generó más de un dolor de cabeza a nuestro amigo **Edison**: la bombilla, o la lámpara incandescente. Estrictamente hablando, **Edison** no fue el primero en inventar una lámpara incandescente, sino que muchos otros inventores estaban trabajando, principalmente en Europa y Estados Unidos, para adaptar las gigantes lámparas de luz eléctrica a su uso en ambientes pequeños, como los hogares.

Para enero de 1879, el inventor ya había conseguido crear, con un bulbo de vidrio vacío por dentro, la primera lámpara incandescente de alta resistencia. Sin embargo, esta primera bombilla sólo podía emitir luz durante unas pocas horas, y fue ahí cuando comenzaron numerosos intentos para que la lámpara estuviera encendida todo el tiempo que fuera necesario.

Durante todo un año, **Edison** probó cientos de materiales, incluyendo fibras de más de seis mil plantas diferentes, fracasando una y otra vez en su intento. Muchos podrían haberse frustrado ante ese panorama. ¿Qué harían ustedes si alguien les pidiera financiamiento para encarar un proyecto que ya ha fracasado cientos de veces?

Probablemente, esos pequeños detalles son los que diferencian a **Edison** de la mayoría de las personas: en 1880 y luego de "mil intentos", consiguió desarrollar una bombilla de 16 watts que duraba encendida hasta 1500 horas.

"No fracasé, sólo descubrí 999 maneras de cómo no hay que hacer una bombilla"[34], le respondió **Edison** a un periodista que le preguntó cómo se sentía por haber fallado 999 veces antes de inventar la bombilla de tungsteno.

"Muchos fracasos ocurren en personas que no se dieron cuenta lo cerca del éxito que estuvieron", es otra frase que se le atribuye a **Thomas Alva Edison**. Haber fracasado muchas veces en un invento puede frustrarnos y desalentarnos para seguir adelante, pero en el fondo no es más que una cuestión de puntos de vista: eso que nosotros llamamos "fracaso" en realidad se llama aprendizaje.

---

34 *"I have not failed 999 times. I have simply found 999 ways how not to create a light bulb"*.

Creatividad

Una mañana de 1965, **Paul McCartney** se despertó luego de haber soñado con una melodía. Le pareció tan buena que para que no se fuera de su cabeza le puso una letra provisoria, que hablaba sobre lo que probablemente comería en su desayuno: huevos revueltos. Luego de un tiempo, lo que era una canción gastronómica fue variando hacia una balada romántica, no muy conocida, pero que está bastante bien: *Yesterday*.

Este magnífico tema no solamente es una de las canciones más escuchadas de la historia de la música moderna, sino que también logró romper el *Record Guiness* al convertirse en el *single* más rentable de todos los tiempos, habiendo reportado hasta 2015 casi 500 millones de euros al autor. Así que ya saben, si quieren ser millonarios, tienen que dormir –y soñar– más.

No es una broma. Como mencionábamos anteriormente, el mundo del futuro necesita creatividad, y muchas veces cuando soñamos, o nos distraemos, es cuando más creativos somos. Si nos quedamos horas y horas mirando una hoja en blanco para escribir un ensayo o esperando que se nos ocurra una idea revolucionaria que nos permita solucionar un problema, probablemente nunca lleguemos a la solución. Por el contrario, si nos despejamos, charlamos con un amigo sobre otra cosa o jugamos a algo que nos entretenga, y luego volvemos a encarar el problema, podemos encontrar soluciones más creativas.

Esto no es pura especulación millennial, también tiene una base científica. Según explican diversos especialistas, que probablemente nos denunciarían penalmente por expresarlo en estos términos, cuando estamos demasiado concentrados en encontrar una idea novedosa, componer un hitazo o descubrir una solución disruptiva, no estamos permitiendo que trabajen intensamente las áreas del cerebro que hacen nuevas asociaciones y promueven la imaginación. Por el contrario, las ideas creativas surgen cuando se activan áreas del cerebro que generalmente están frenadas.

Para mucha gente el concepto mismo de creatividad puede sonar demasiado amplio y vago como para tener la importancia que le estamos dando en este libro, pero, a diferencia de lo que suele creerse, la creatividad no es algo innato, sino que es un hábito que se puede enseñar y aprender.

Primero jueguen y luego estudien

Como ya les hemos contado, somos hijos de una madre docente y un padre que nunca se llevó una materia. Por eso, siempre fue común al volver del colegio escuchar la típica frase: "primero hacés la tarea y después vas a jugar".

Por suerte, o no, las tareas que se suelen dar en el colegio primario no requieren ni una pizca de creatividad, sino más bien todo lo contrario: requieren rutina y repetición. Esto es definitivamente negativo para fomentar las habilidades del futuro, pero resultaba positivo para dos niños que tenían que sentarse en una mesa luego de volver del colegio de doble turno a resolver ecuaciones, analizar sintácticamente oraciones o completar ejercicios de inglés.

En el caso de que las tareas hubieran demandado creatividad, cosa que esperamos que suceda cuando nosotros tengamos hijos en edad escolar, lo primero que deberíamos decirles cuando regresen del colegio es: "primero vayan a jugar y después hacen la tarea". Jugar, conversar con alguien, pensar en otra cosa, escuchar música o mirar la televisión puede despertarnos esa creatividad que necesitamos para realizar acciones que no son rutinarias. Desde el mundo laboral nos están demandando cada vez más que seamos creativos, sin importar el ámbito donde nos desempeñemos. La creatividad no sólo es un plus que completa a un profesional, sino que es una habilidad requerida en sí misma, y que las empresas buscan fomentar.

Si pensamos en las grandes empresas a nivel global, en su mayoría están incorporando espacios más cómodos, con colores, luz natural, lugares para distraerse, consolas de videojuegos o mesas de *ping pong*. Esto tiene como principal objetivo que los empleados se sientan cómodos en su lugar de trabajo y puedan, entre otras cosas, ser mucho más creativos.

El escritor estadounidense Daniel Pink va un poco más allá, y dice que las personas con el hemisferio derecho del cerebro más desarrollado serán aquellas que liderarán el mundo del futuro. El hemisferio derecho es aquel que genera un pensamiento no lineal, mucho más creativo, mientras que el izquierdo se concentra en lo lógico y secuencial. Para Pink, las mentes creativas que se requieren para el futuro son aquellas que se concentran en el diseño y no solamente la funcionalidad, tienen habilidad para comunicar y persuadir, pudiendo comprender procesos globales y complejos, con empatía y alejándose de la seriedad.

Creer en la planitud de la Tierra

Vivimos en un mundo cada vez más interconectado y multicultural. La movilidad laboral entre países se ha hecho algo cotidiano y mucho más sencillo que hace cincuenta años. Las grandes ciudades se están convirtiendo en enclaves de diversidad. No resultaría extraño que, en Buenos Aires, una pareja conformada por dos personas nacidas en Colombia y Venezuela vaya a comer comida china tomando gaseosa norteamericana, de postre se pida un café estilo italiano antes de ir al cine a ver una peli francesa mientras pican unos chipá calentitos. 😆 Como dice Jorge Drexler en su tema *Disneylandia*:

Pilas americanas alimentan electrodomésticos
ingleses en Nueva Guinea.
Gasolina árabe alimenta automóviles americanos
en África del Sur.
Pizza italiana alimenta italianos en Italia.
Niños iraquíes huidos de la guerra
no obtienen visa en el consulado americano de Egipto
para entrar en Disneylandia.

Si bien a mucha gente esto puede generarle ansiedad, preocupación, o ganas de votar por candidatos que hablen mal de la inmigración, la realidad es que el acercamiento entre culturas es uno de los grandes beneficios que nos trajo la globalización y, por ende, la batalla del futuro. La importancia de la diversidad cultural no radica sólo en la gastronomía –*aunque, aclaramos, para nosotros es casi fundamental* 😉–. Volviendo al ejemplo de la pareja feliz: seguramente tengan en sus manos teléfonos coreanos o de diseño norteamericano fabricados en China, quizá se conocieron vía Tinder, una aplicación de citas programada por dos judíos iraníes en Los Ángeles, y para volver a casa usen Waze, una app originada en Israel. Y así podríamos seguir *ad infinitum*[35].

La multiculturalidad es una característica de la sociedad del futuro, y permite que los seres humanos logremos cosas inimaginables. Por eso es importante entender que, si tenemos como objetivo crecer profesionalmente en cualquier ámbito que se nos ocurra, debemos empezar a pensar que la Tierra es plana. –No se asuste, querido lector, no nos volvimos locos ni nos unimos a la secta terraplanista. 😉 Si lo hubiéramos hecho, se lo hubiéramos comunicado al menos en la contratapa del libro, para que no lo compre–.

Cuando decimos que tenemos que pensar que la Tierra es plana, nos referimos más bien a una metáfora para ilustrar un mundo aplanado donde las divisiones geográficas y la distancia ya no son un obstáculo para los negocios, emprendimientos o diversos proyectos. Esta expresión no es nuestra, sino que se la tomamos prestada al *best seller* norteamericano **Thomas Friedman**, que en su libro *La Tierra es plana* describió la revolución tecnológica como una de las principales responsables –aunque no la única– del aplanamiento de la Tierra.

Tenemos que empezar a ver el mundo como uno solo. Si tienen un proyecto, su mercado, sus clientes, sus proveedores y potenciales socios no tienen por qué tener un límite geográfico. Existen una infinidad de herramientas

---

35 Siempre es muy importante, si van a escribir un libro y quieren parecer intelectuales, usar en algún momento alguna expresión en latín. Como en este caso *ad infinitum*, que cualquier persona sin la mínima noción del latín, como nosotros, entiende lo que quiere decir. El punto es que usarla te hace parecer más inteligente. 😉

para contratar a alguien a distancia o utilizar los servicios de una persona viviendo en la otra punta del mundo.

Como se podrán imaginar, esto puede ser visto como una enorme oportunidad por todos los beneficios que conlleva, pero también como una amenaza debido a que ahora la competencia es global, y por ende mucho más grande. Independientemente de cómo lo veamos, para movernos en el mundo del futuro tendremos que comenzar a incorporar a nuestro conjunto de habilidades lo que en algunas escuelas de negocios se llama *diálogo multicultural*. Más allá del nombre, el punto es que tenemos que aprender a entender las distintas culturas que nos rodean y desarrollar competencias que nos permitan adaptarnos fácilmente cuando estamos inmersos en una de ellas, olvidar los estereotipos y prepararnos para aprender lo mejor de cada forma de ser, de trabajar o de vivir la vida que hay en el mundo.

Usemos un ejemplo. Los alemanes tienden a pensar que a los españoles les gusta demasiado la fiesta y los españoles que los alemanes son muy secos y lo único que hacen es trabajar, lo cual podría dificultar las relaciones laborales entre ambos. Sin embargo, cuando españoles y alemanes trabajan juntos, con una mente abierta y dispuesta a la colaboración, dejando de lado los absurdos estereotipos que tan mal le han hecho a la humanidad, empiezan a valorar la diferencia. Unos apreciarán las habilidades sociales y la empatía de sus nuevos compañeros mientras que los otros aprenderán a beneficiarse de la organización o de ciertos hábitos que puedan hacer que las tareas realizadas sean más eficientes. Sin embargo, si sólo tratamos de imponer nuestra forma de ver el mundo, lo único que lograremos es una conversación sin sentido entre dos personas que hablan idiomas diferentes y creen, erróneamente, que el otro los entiende, cuando en realidad no es así. El resultado será malo para ambos.

Una vez más, es una cuestión de puntos de vista. Si queremos tener éxito en la batalla del futuro, es muy importante que veamos a la multiculturalidad ayudada por la tecnología como una gran aliada. De lo contrario, probablemente acabemos del lado Trump de la vida.

No seamos pavos

El pensador libanés Nassim Taleb, en su famoso libro sobre el impacto de lo altamente improbable, titulado *El cisne negro*, compara la actitud de sus contemporáneos con la de los pavos en los días previos a la cena de acción de gracias. Los pavos, que son visitados día tras día por un ser humano que les lleva alimento y bebida, podrían llegar a pensar que esa persona es casi su mejor amigo. Su actitud demuestra que se preocupa por su bienestar, su seguridad y alimentación, y no hay razones para sospechar que en algún momento dejará de hacerlo. Sin embargo, en el fatídico día de acción de gracias quizás llegue a darse cuenta, demasiado tarde, que estaba equivocado, cuando ese mismo ser humano le retuerza el pescuezo para agasajar a sus invitados.

La actitud de este pavo podría resultarnos ridícula, a nosotros que todo lo sabemos, porque somos seres humanos con el diario del lunes, pero no difiere mucho de la forma de pensar de la mayoría de los de nuestra especie. De hecho, la propia ciencia nos enseña que tenemos que pensar de esa forma: tomando determinados patrones que se repiten en el tiempo y volviéndolos parte de nuestra lógica para entender el mundo. Así, nos llenamos la boca con frases que nos dan la ilusión –a nosotros mismos y a quienes nos escuchan– de que sabemos lo que pasa y lo tenemos controlado.

Todo va bien hasta que la propia realidad se encarga de tirar por la borda todas nuestras certezas. Si pensamos sólo en términos de lo probable y de lo que ya sucedió, nunca vamos a estar listos para aquellos eventos que nos terminan tomando por sorpresa, y que por ende tienen un enorme impacto en nuestras vidas.

Llevar este pensamiento al extremo podría preocuparnos, y es bueno que así sea. Vivimos en un mundo donde la mayoría de las cosas importantes son muy difíciles de predecir o de comprender, y donde en cualquier momento podría pasar algo que nos cambie radicalmente sin que lo esperemos, pero no nos alarmemos… al menos no demasiado. Existen formas de no ser tan frágiles y sensibles a estos cambios que son inevitables. Muchas de ellas están desarrolladas a lo largo del libro, pero la primera, y principal, es no ser tan pavos.

Ser un poco más ingenuos

Tenemos que confesar que, hasta el día antes de entregar estas páginas a nuestra editora, este subtítulo se llamaba *Soñar en grande*. 🧑 En el proceso de escribir el libro, descubrimos que un día algo te suena como una idea genial y al otro día te entran ganas de agarrarle los dedos con la puerta a tu yo del pasado al que se le cruzó por la cabeza que eso que escribió no era una total basura.

No les vamos a mentir, *Soñar en grande* suena a libro de autoayuda[36], y no nos terminaba de convencer para nada, principalmente porque sentíamos que entraba en contradicción con el espíritu de estas páginas, pero, al mismo tiempo, no encontrábamos una mejor forma de expresar lo que queríamos decir llegados a esta página del libro. Un evento inesperado, y en principio totalmente sin importancia, nos hizo encender el foquito.

Como decíamos, un día antes de entregar –con un poco de atraso 😄– el manuscrito final del libro, el hermano emprendedor recibió en su cuenta de Twitter bastantes críticas de diversos usuarios a raíz de un tweet en el que alentaba a los jóvenes argentinos a continuar su carrera profesional en el país y no afuera, para que, entre todos, y si nos lo proponemos, cambiemos la realidad de crisis eterna en la que está inmersa el país. El espíritu de esas críticas era casi siempre el mismo y podría resumirse en una sola frase: "Qué ingenuo". –Gracias por el halago, usuario @Ricardo_1128394874–.

Para dar la batalla del futuro hay que ser un poco ingenuo. Sí. De hecho, para ganar cualquier batalla se requiere, aunque sea, una dosis de ingenuidad, como la que tuvo nuestro amigo **José de San Martín** cuando se le ocurrió cruzar los Andes con un ejército, o **Bill Gates** cuando se propuso que todo el mundo tuviera una computadora en su casa. Probablemente mucha gente les dijo en ese momento que eran ingenuos –más que probablemente, tenemos la certeza de que así fue ✅–.

---

36 Con esto no queremos que nadie se sienta ofendido. Desde luego que consideramos que cada uno tiene derecho a malgastar su dinero en libros de autoayuda si eso lo hace feliz. 😊

Vivimos en un mundo en donde todos creemos que entendemos lo que quiere "la gente". *Focus groups*, mediciones de *rating* o análisis de datos mediante, creemos que tenemos muy claro qué es lo que demanda el público, y que, si queremos ser exitosos, tenemos que dárselo. Está comprobado y estudiado que el contenido de gatitos *(cat content)* funciona muy bien en internet. Sólo en YouTube hay más de 34 millones de videos de gatos, y estos simpáticos felinos representan el 50% del contenido de Tumblr. Un genio del marketing digital con más poder del que debería podría decir entonces: "pongamos más gatos en las portadas de los sitios de noticias". Y muchos con esta idea fueron escuchados. ¿Cuánto falta para que los políticos salgan a mostrar sus gatitos porque se los dijo un *Focus Group*? ¿Dónde quedó la rebeldía, la capacidad de ir contra la corriente a por una idea innovadora y disruptiva?

"Si le hubiera preguntado a la gente, me hubieran pedido caballos más rápidos" cuentan que dijo **Henry Ford** alguna vez, con respecto a su empresa automovilística. Si nuestro mundo carece de grandes líderes es porque no nos animamos a ser disruptivos y marcar un camino que vaya en contra de lo que se intuye que quiere la mayoría. Si no ofrecemos nada nuevo, ¿cómo vamos a saber si sirve o no?

Si **San Martín** pudo cruzar los Andes y **Gates** vio cumplir su sueño, ¿por qué no podríamos pensar en un futuro donde las personas con discapacidad tengan una mejor calidad de vida sin pagar un sólo peso, o donde la Argentina supere sus problemas socioeconómicos?

Con la experiencia de *¡Háblalo!* aprendimos que para cambiar el mundo era necesario empezar por algo más chico, cercano y palpable. Si un chico de 17 años quisiera construir un reactor nuclear o un dispositivo biomédico de alta complejidad, probablemente acabaría frustrado en el mejor de los casos, o incendiando la casa y todo el barrio en el peor. Pero eso de ninguna manera quiere decir que tenemos que perder esa capacidad inocente o ingenua de Soñar en Grande .

Asteroid Technologies, la empresa surgida a raíz de *¡Háblalo!*, busca desarrollar proyectos y productos innovadores que ayuden a introducir, de una forma más adecuada al mundo, la Cuarta Revolución Industrial, y está guiada por un sueño: **que la tecnología nos cambie la vida a todos nosotros y no sólo a unos pocos.** Nuestro gran sueño es que nadie se quede afuera del mundo del futuro, que todos puedan dar esa batalla. Somos un poco ingenuos, sí, pero estamos entre las top 100 *startups* del mundo.

Sin esa pequeña dosis de ingenuidad, ningún emprendimiento o proyecto de vida personal puede tener éxito en un mundo en donde –para bien o para mal– se premia cada vez más la innovación, y donde el cambio es más un hecho permanente que un dato excepcional. Probablemente, en la historia haya muchos ingenuos que nadie recuerde porque fueron demasiado ingenuos, pero eso, en lugar de desmotivarnos, nos sirve como aprendizaje.

Como ya dejamos en claro, somos grandes partidarios de la experiencia personal y práctica como forma de acceso al conocimiento. La experiencia no tiene por qué ser contraria a la ingenuidad. Cuánto más conocemos el mundo y cómo funciona, más nos damos cuenta de que se pueden cambiar las cosas, porque elegimos concentrarnos y aprender de la gente que sí lo logró. Al final, es una cuestión de cómo vemos el vaso.

Para hacer cosas grandes, no hace falta ser grande, hace falta ser un poco ingenuo.

Si llegaste hasta acá, es porque eres también algo ingenuo, y eso nos pone muy contentos. 😊😊

Que te garúe finito, @Ricardo_1128394874.

¿Y vos? ¿Qué vas a hacer?

A nosotros nos toca ser protagonistas de este momento fascinante de la historia. Como víctimas colectivas de la maldición china que nos condena a vivir en un tiempo interesante, la sensación de desconcierto e incertidumbre es –y seguirá siendo– una parte importante de nuestra vida cotidiana. Todo está cambiando muy rápido. Demasiado. Y las instituciones que se supone que deberían prepararnos para el futuro –como escuelas y universidades– no están logrando adaptarse a tiempo. Esto provoca que mucha gente, y muchas instituciones, se queden atrás.

Por eso, y por la deliberada decisión de abandonar el futuro que han tomado una buena parte de las instituciones que nos rodean, la transformación tiene que empezar por nosotros: los individuos. La propia palabra individuo suena a soledad y desprecio por la vida en sociedad. Nada más alejado a lo que queremos transmitir: el individuo organizado de manera tal que su capacidad transformadora sea impulsada por el conjunto, y no al revés, es el motor de la historia. Si no modificamos nuestra actitud hacia la tecnología y nos empezamos a preparar para el mundo del futuro, vamos a perder la gran oportunidad que tenemos enfrente. Mañana es demasiado tarde.

Para cambiar el mundo, primero tenemos que cambiar nosotros. Dar la batalla por el futuro y pensar fuera de la caja son los primeros pasos para lograrlo.

¿Vos qué vas a hacer?

Los invadían los extraterrestres

Si no fuiste víctima de la invasión extraterrestre y seguís en este tiempo interesante, te invitamos a agarrar el celu (sabemos que te está tentando hace rato) y usar el hashtag #LaBatallaDelFuturo para compartir qué te dejó este libro. Puede ser algo que te haya sorprendido, inspirado, preocupado o hecho reflexionar sobre el mundo que se viene... También podés contarnos si encontraste #AlgoEnQueCreer. ¡Nos vemos en las redes!

Índice